MACD
背离技术
交易实战技法

股市风云◎著

人民邮电出版社
北京

图书在版编目（CIP）数据

MACD背离技术交易实战技法 / 股市风云著. -- 北京：
人民邮电出版社，2017.4
ISBN 978-7-115-44286-4

Ⅰ．①M… Ⅱ．①股… Ⅲ．①股票投资—基本知识
Ⅳ．①F830.91

中国版本图书馆CIP数据核字(2016)第323949号

内 容 提 要

本书以贴近实战的案例解读，讲解了MACD指标与股价出现不同形式的背离表现，帮助投资者理解典型的背离交易机会。按照交易信号交易股票，广大投资者不仅可以发现交易机会，还能够在行情逆转前确认交易时机。

本书适合有一定的股票技术分析能力，对MACD指标和均线有一定了解，并且热衷股票技术分析买卖股票的投资者。

◆ 著　　　　股市风云
　　责任编辑　折青霞
　　责任印制　周昇亮

◆ 人民邮电出版社出版发行　　北京市丰台区成寿寺路 11 号
　　邮编　100164　　电子邮件　315@ptpress.com.cn
　　网址　http://www.ptpress.com.cn
　　北京天宇星印刷厂印刷

◆ 开本　700×1000　1/16
　　印张　13.5　　　　　　　2017 年 4 月第 1 版
　　字数　169 千字　　　　　2025 年 11 月北京第 40 次印刷

定价：49.80 元

读者服务热线：(010)81055296　印装质量热线：(010)81055316
反盗版热线：(010)81055315

前 言

在股票交易中，很多投资者都喜欢在短线买卖中获取收益。短线交易时，选择高抛和低吸价位的难度其实更大。同样的行情中，不同个股的价格变化有很多种，如果我们没能把握好价格的运行节奏，很容易在错误的价位上买卖股票。实战当中，波段行情的高抛低吸自然重要，而典型的反转价位的买卖更加重要。如果我们能够在行情转变前采取措施，就不会在行情转变时措手不及。

对于判断行情反转，我们可以使用与价格相关的指标。均线的反转能够体现价格趋势逆转，而简单的均线变化可以用来判断交易机会。不过均线转变需要一个过程，而均线运行趋势转变期间，观察均线的微小变化又比较困难。这个时候，我们引入 MACD 指标，该指标用于判断不同周期的指数平滑移动平均线的相对关系。即使均线出现微小的变化，我们也能够通过 MACD 指标来确认交易机会。

价格趋势转变，是在股票交易中经常会遇到的问题。如果价格运行趋势出现变化，必须要采取买卖措施来应对价格波动。特别是牛市和熊市相互转换期间，如果买卖措施没有跟上价格变化的节奏，就会错过最佳交易时机。在行情转变的过程中，MACD 指标可以用来判断价格逆转。特别是背离形态出现在 MACD 指标和股价之间的时候，行情开始逆转的概率会很高，而类似的买卖机会就能够被确认。

实战当中，我们会看到背离是均线开始转变运行趋势的信号。行情发展到一定阶段，均线就会出现钝化的情况。均线与价格运行趋势不一致体现在 MACD 指标方面，便是典型的背离形态了。背离形态体现了价格运行趋势的逆转信息，是股价还未反转的交易信号。相比很多判断牛熊转换的方法，背离是非常有效的手段。而 MACD 指标与股价背离的时候，直观体现了股价在反转期间均线方面出现的逆转信息。MACD 指标与股价背离期间，价格方面微小的变化成为推动价格反转的重要信号。

如果说 MACD 指标用于判断两条均线的相对关系，投资者还觉得不够好用，那么接下来，MACD 指标柱状线是一个更加精细的指标线。MACD 柱状线用于判断 DIF 线相对于 DEA 线的变化，柱状线数值增加，表明 DIF 线在回升趋势中远离 DEA 线；相反柱状线数值降低并且低于 0 的时候，表明 DIF 线在回落趋势中远离 DEA 线。DIF 线远离 DEA 线的过程，说明均线的发散趋势加剧，提示单边行情正在发酵过程中。

与 MACD 指标的 DIF 线背离相比，MACD 指标的柱状线背离提示 DIF 线运行方向开始转变，间接提醒投资者交易机会形成。行情发展期间，在股价还未转变运行趋势的情况下，投资者能够通过确认 MACD 指标柱状线以及 MACD 指标 DIF 线背离来发现交易机会。当然，MACD 指标背离是一个分析方向，投资者依然需要结合诸如 K 线、成交量、筹码、RSI 指标分析手段，综合判断背离后的交易机会。

背离只是 MACD 指标运用的一个方面，该指标的用法还有很多种。特别是在确认牛熊转换的时候，DIF 线的逆转体现了 MACD 指标单边趋势反转的信号。DIF 线的金叉和死叉形态提示我们均线方面出现的显著变化。而更加明确的反转信号出现的时候，DIF 线向下或者向上穿越 0 轴线，这是不同周期均线出现交叉形态的信号。

由此可见，运用 MACD 指标的 DIF 线可判断均线黏合、发散和交叉形态，从而确认价格的运行趋势。均线方面的变化体现在 MACD 指标上，根据 MACD 指标，投资者能够看到背离完成以后股价单边运行趋势。

本书整体围绕 MACD 指标的 DIF 线和柱状线背离确认价格反转，帮助投资者第一时间确认交易机会，以便更好地获得投资收益。实战当中，非常典型的交易信号总是在背离形成的那一刻出现。这个时候，投资者将不得不关注 MACD 指标背离以及相关的交易信号。

目录

第1章
MACD 指标基础

**第 4 章
MACD 柱状线底
背离**

第 7 章
MACD 指数背离

第 8 章
MACD 背离与筹码
主峰形态的综合运用

**第 9 章
MACD 背离与量能
缩放的综合运用**

第1章
MACD 指标基础

在股票技术分析中，成交量和价格是投资者必须关注的地方。价格表现可以用均线来描述。当均线在价格反转期间微弱变化不容易被察觉的时候，投资者需要关注 MACD 指标。该指标用来描述指数平滑移动平均线，均线可以有发散形态、交叉形态等不同的情况，这都能够通过 MACD 指标的变化来确认。可以说，MACD 指标的出现，为我们进一步理解价格运行提供了帮助。

1.1 MACD 指标的描述对象

MACD 指标的用法非常广泛，而该指标提示的交易信息可靠性强，我们可以按照指标提示的交易信息来买卖股票。在使用指标前，首先介绍 MACD 指标的用法和描述对象。MACD 指标是衍生性指标，该指标用来描述移动平均线。均线的所有特征都能够清晰地体现在 MACD 指标里。可以说 MACD 指标是以股价为基础完成的指标，对提示交易信息非常重要。

1.1.1 MACD 描述指数平滑移动平均线

用 MACD 指标来描述均线，这里的均线并非我们常见的移动平均线，而是指数平滑移动平均线。该均线的走向更加平滑，是增加了平滑系数的移动平均线，因此更有参考价值。而 MACD 指标用来描述该均线的走向，实战当中我们便可通过 MACD 指标来挖掘均线提供的交易信号了。

形态特征：

1. **MACD提示均线单边趋势**：指数平滑移动平均线出现了明显的单边运行趋势，同时MACD也会表现为单边趋势。通过确认MACD走势，我们可以看到价格单边趋势持续时间。

2. **MACD提示均线相交**：0轴线是判断MACD走强和走弱的分界线，同时也是我们确认均线相交的方法。当MACD指标穿越0轴线的时候，这提示我们均线方面出现了相交。

3. MACD提示均线反转：当MACD指标反转的时候，我们能够看到同周期的均线开始反转。通过MACD指标，我们可以更清晰的发现反转信号。

图 1-1　四环生物日 K 线图

操作要领：

1. 从MACD提示均线单边趋势来看：如图1-1所示，当DIF线在J1位置突破0轴线的时候，我们能够清晰确认指标回升提示的看涨信号。指标突破0轴线，均线在J位置出现金叉，价格开始单边回升。

2. 从MACD提示均线相交来看：我们看到MACD指标的DIF线在S1位置跌破0轴线，表明均线方面的死叉出现在S位置。MACD指标的回落清晰再现了均线死叉形态。MACD在J1位置突破0轴线，提示我们均线的金叉相交形态。

3. 从MACD提示均线反转来看：在均线开始反转的时候，DIF线在F1位置跌破DEA线，这是非常典型的反转信号。MACD指标的反转有效提示了F位置的高抛价位，这是我们做空的交易机会。

| 总结 | 均线是价格走势的平均价格变化，关于价格走势的信息，总是我们关注的重点。而MACD指标有效描述了均线表现，是我们挖掘交易机会的重要形式。（图1-1中标注了MACD指标的DIF和DEA两条线，后面的图中不再重复标注。） |

1.1.2 MACD 表现与移动均线走势

在单边趋势中，确认价格反转的卖点，我们可以通过 MACD 指标来判断。MACD 指标在价格高位反转期间出现回落的情况，DIF 线跌破 DEA 线的过程中，高抛的交易机会就会形成。MACD 指标的 DIF 线走向已经是价格趋势的真实体现。当我们苦于不能找到卖点机会时候，指标的高位回落可以提示我们交易机会。

形态特征：

1. MACD的交叉形态提示价格反转：MACD指标的交叉形态提示价格反转。高位出现的指标交叉形态，意味着价格见顶回落。DIF线跌破DEA线的时候，高位卖点就会形成了。

2. DIF线穿越0轴线确认行情走向：当DIF线已经穿越0轴线的时候，意味着趋势已经得到确认。在较长一段时间里，行情不会有太大变化。0轴线是多空分界线，DIF线跌破0轴线，表明熊市将会延续。

图 1-2　华润三九日 K 线图

操作要领：

1. **从MACD的交叉形态提示价格反转来看**：如图1-2所示，图中S位置 DIF线已经成功跌破了DEA线，这是均线走坏，价格将会加速回落。图中股价 从M位置高位下跌，我们看到MACD指标死叉提示了高位卖点。

2. **从DIF线穿越0轴线确认行情走向来看**：DIF线正是在图中D位置跌破 了0轴线，促使下跌趋势形成。在指标跌破0轴线以后，股价从D1位置加速下 跌。在之后的5个月中，DIF线始终在0轴线下方，股价弱势不变。

总结　在DIF线跌破0轴线前，图中S1位置的死叉同样提示卖点。接下来指 标跌破0轴线，S2位置的死叉是在指标跌破0轴线以后出现，高抛卖点 得以确认。可见，实战当中DIF线揭示的交易机会还是比较多的，我 们可以根据指标提示选择交易机会。

1.2 MACD 指标的 DIF 快速线用法

MACD 指标的 DIF 线形态变化多样，我们能够看到 DIF 线单边运行和交叉形态。DIF 单边运行，是均线逐步发散的信号。而 DIF 线与 DEA 线出现交叉形态的时候，表明均线开始收缩。我们利用 DIF 线的变化就能够确认均线走向，从而发现价格运行趋势。

1.2.1 DIF 线与 DEA 线的交叉形态

DIF 线用来描述两条均线的相对位置变化，当 DIF 线与 DEA 线较长的时候，说明均线位置已经出现变化。DEA 线是 DIF 线的平均线，如果 DIF 线从高位向下金叉 DEA 线，并且 DIF 线处于 0 轴线上方，表明均线由发散转向收缩。价格在回升趋势中遇阻，股价即将出现调整走势。

形态特征：

1. **价格处于回升趋势的高位**：在回升趋势中，股价累计涨幅较大。这期间价格出现调整的概率提升。如果DIF线跌破DEA线的情况出现，我们认为是调整出现的信号。

2. **DIF线跌破DEA线**：DIF线跌破DEA线的过程中，指标典型的死叉形态得到确认，均线黏合的趋势出现。这个时候，股价开始走弱，卖点得到确认。

3. 量能明显低于100日等量线：当DIF线死叉跌破DEA线以后，量能方面出现明显缩量。成交量显著低于100日等量线，这是价格走弱的推动因素。成交量低于100日等量线，使得股价活跃度显著降低，下跌在所难免。

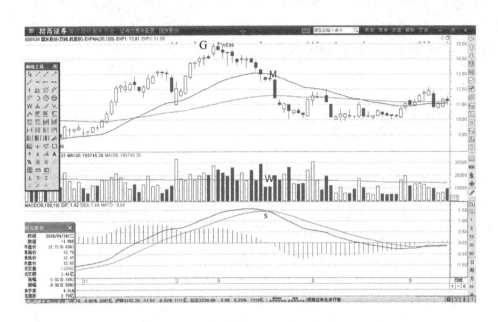

图 1-3　国发股份日 K 线图

操作要领：

1. **从价格处于回升趋势的高位来看**：如图1-3所示，前期量能放大之时，股价稳步回升，价格追到达到G位置的15元高位。可见该股已经经历明显上涨，并且在成交量无法继续放大的时候，关注高位卖点非常重要。

2. **从DIF线跌破DEA线来看**：图中显示的S位置DIF线跌破DEA线，表现为市场形态。死叉出现说明均线向收缩趋势转变。考虑到我们使用了计算周期为（30、100）的MACD指标，指标死叉提示我们30日均线正在向100日均线靠拢，价格下跌趋势已经出现。

3. **从量能明显低于100日等量线来看**：图中W位置的量能显著低于100日

等量线，这是MACD死叉以后量能萎缩的卖点信号。量能无法达到100日等量
线，使得股价走势偏弱，震荡下跌在之后出现。

总结 | 在MACD指标死叉形态出现以后，股价缩量下跌，回升趋势在死叉
以后开始逆转。从卖点来看，死叉提示的卖点价格并不高，但是死
叉的出现加速了价格回落走势。

1.2.2　DIF 线的单边形态

　　MACD 指标的单边趋势很容易确认，是 DIF 线完成交叉形态以后出现
的形态。如果是回升趋势，DIF 线从低位向上穿越 DEA 线，并且始终维持在
DEA 线上方，直到 DIF 线再次跌破 DEA 线为止，这段时间里都是 MACD 指
标的单边趋势，同时也是股价单边上涨的阶段。

形态特征：

　　1. **低位MACD金叉形态出现**：当DIF线还处于0轴线下方的时候，这个时
候的金叉形态出现。DIF线向上穿越DEA线，提示我们均线开始走好。

　　2. **DIF线单边回升**：当DIF线完成金叉以后，DIF线回升趋势得到确认。
经过一段时间的上涨以后，DIF线不仅回升到0轴线上方，而且在加速上行，
这是DIF线单边趋势形态出现的时刻。

　　3. **高位死叉完成**：股价涨幅较大，使得回调压力增加。这个时候，DIF
线跌破DEA线，结束了单边回升趋势。我们认为DIF跌破DEA的那一刻，便是
高抛机会确认的时刻。

图 1-4 顺发恒业日 K 线图

操作要领:

1. **从低位MACD金叉形态出现来看**:如图1-4所示,图中Q位置是DIF线向上穿越DEA线的时刻,同时也是DIF线单边回升的起始点。

2. **从DIF线单边回升来看**:DIF线向上穿越DEA线以后,我们看到股价从M位置开始走强。价格最高回升至7元,涨幅高达55%。

3. **从高位死叉完成来看**:股价见顶7元以后,价格开始回调,这个时候DIF线在Q1位置跌破了DEA线,成为价格持续回落的起始点位。

总结 | 在DIF线穿越DEA线的时候,我们能够看到其间DIF线进入单边回升趋势。在DIF线单边回升期间,股价稳步上涨,其间我们最大盈利可以达55%。实战当中,根据DIF线单边趋势确认持股时段,还是比较有效的交易策略。

1.3　MACD 指标的柱状线用法

我们通过分析 MACD 柱状线，可以很清晰地确认 DIF 线的走向。MACD 柱状线回升的时候，可以提示 DIF 线强势运行。当柱状线回调的时候，DIF 线走低，价格开始调整。实战当中，MACD 指标柱状线的形态可以有峰值形态和收缩形态。峰值形态和收缩形态是两种比较典型的形态。MACD 柱状线的峰值形态代表了 DIF 线的强势，而收缩形态则表明 DIF 线走势较弱。

1.3.1　柱状线的峰值形态用法

MACD 指标柱状线的峰值形态中，我们能够看到柱状线的峰值越大，表明 DIF 线单边运行趋势越明显。实际上，如果 MACD 指标柱状线在 0 轴线一侧运行，那么 DIF 线的单边趋势就已经出现了。柱状线的峰值持续时间长，决定了 DIF 线的单边趋势向纵深发展，趋势短时间内都不会结束。那么，我们以下跌趋势为例，介绍 MACD 指标柱状线的峰值形态。

形态特征：

1. **股价经历回升趋势**：在股价经历了明显的回升趋势以后，我们认为是牛市当中逆转价格趋势的时候，MACD指标柱状线走向值得我们关注。柱状线的回调提示DIF线回落，表明均线方面的下跌拐点形成。

2. **0轴线下方MACD柱状线峰值出现**：如果MACD指标的柱状线已经跌

破0轴线，那么DIF线的下跌趋势就已经开始了。随着MACD指标柱状线在0轴线下方运行，DIF线出现反弹的机会非常少。多数时间里，DIF线会随着MACD柱状线低位运行逐步下跌。

3. **DIF单边回落提示熊市出现**：当DIF线回调持续一段时间以后，我们会看到均线方面已经走坏，股价熊市行情得到了确认。

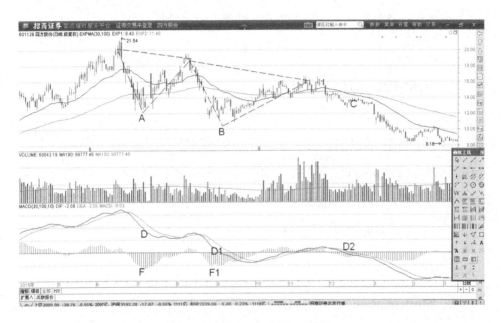

图 1-5　四方股份日 K 线图

操作要领：

1. **从股价经历回升趋势来看**：如图1-5所示，我们能够看到股价见顶高位21.54元的前期，该股已经出现明显回升。

2. **从0轴线下方MACD柱状线峰值出现来看**：当MACD柱状线在图中F位置的0轴线下方出现峰值形态的时候，DIF线已经回落至D位置的低点，股价也快速杀跌到A位置，这是下跌趋势得到确认的信号。

3. **从DIF单边回落提示熊市出现来看**：MACD柱状线在F和F1位置分别

达到峰值形态，股价也进一步回调至B位置的低点。与此同时，D1位置显示的DIF线跌破了0轴线，这是均线死叉出现的信号，意味着熊市已经明显得到确认。

总结 | 在价格经历回升趋势以后，MACD指标的柱状线回落至0轴线下方，这提示我们DIF线开始走坏，熊市即将到来。0轴线下方，MACD指标柱状线的峰值越大，表明股价的进入熊市的速度越快。

1.3.2 柱状线的收缩形态用法

MACD 柱状线收缩期间，相应的 DIF 线单边运行的情况得到缓解。MACD 指标柱状线的收缩越明显，DIF 线的走势越平缓，价格单边趋势就很难出现。事实上，我们能够看到在 MACD 柱状线收缩期间，价格明显呈横向运行，低吸和高抛的短线的交易机会并不多。

形态特征：

1. **股价缩量反弹至价格高位**：当股价经历了明显的反弹走势以后，我们能够看到量能逐步萎缩，技术性反弹的潜力越来越小。价格达到短线高位的时候，几乎结束了反弹趋势。

2. **MACD柱状线处于收缩状态**：从MACD柱状线的收缩来看，指标收缩提示的价格反弹强度减弱更加明显。一旦MACD指标柱状线收缩至0轴线下方，DIF线的回升出现停滞，股价也就见顶了。

3. **价格波动空间收窄**：当股价波动空间收窄以后，我们能够看到价格反弹已经临近结束。这个时候，高位抛售时机出现，减少持股数量的情况下，我们能够规避下跌风险。

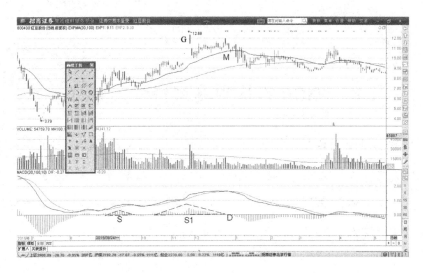

图 1-6　红豆股份日 K 线图

操作要领：

1. **从股价缩量反弹至价格高位来看**：如图1-6所示，随着量能不断萎缩，股价虽然在G位置一字涨停，但是量能明显低于100日等量线，价格处于无量上涨状态。

2. **从MACD柱状线处于收缩状态来看**：无量上涨的过程中，我们看到MACD指标柱状线在S和S1位置处于收缩状态；并且柱状线最终在D位置跌破0轴线，表明股价跌势已经形成。

3. **从价格波动空间收窄来看**：在MACD柱状线收缩的过程中，我们看到股价在M位置见顶。MACD柱状线在D位置跌破0轴线，很好地提示了我们M位置的卖点。

总结 ｜ 股价弱势反弹阶段，量能不断萎缩，价格已经临近见顶。通过MACD指标柱状线的收缩，我们发现就在柱状线跌破0轴线的那一刻，价格弱势反弹结束。MACD柱状线弱势运行时间较长，跌破0轴线的那一刻，我们能够发现卖点出现。

1.4 MACD 指标的典型持续形态解读

MACD 指标的典型持续形态中，我们可以看到 MACD 指标的弱势回调形态、弱势横盘形态以及峰谷替换形态。MACD 指标的弱势形态中价格波动空间较小，交易机会并不多。而 MADC 指标的峰谷替换形态中，价格随着指标峰谷替换出现强势波动，交易机会也不断增加。

1.4.1 MACD 的弱势回调形态

在弱势回调形态中，我们能够看到 MACD 指标 DIF 线的单边震荡下跌的走势。指标在一段时间里维持弱势运行的特征，使得交易机会出现的机会减小。实战当中，我们在 DIF 线弱势运行期间可以减少买卖操作，避免在弱势行情中出现亏损。

形态特征：

1. **价格经历反弹走势**：当股价出现放量反弹走势以后，我们看到股价短线涨幅较大，技术性的反弹力度减弱，见顶迹象开始形成。

2. **缩量期间DIF线开始走弱**：MACD指标的DIF线开始走弱，这是非常典型的看跌信号。特别是在DIF线高位弱势回调以后，均线开始收缩，短线的持股机会不断减少。

3. **买点机会出现在DIF线回调期间**：当DIF线持续一段时间回调的时候，

我们能够看到DIF线回调至短线低位，这是指标调整到位的信号。指标回调至低点，同时量能出现反弹迹象，预示着调整的结束。

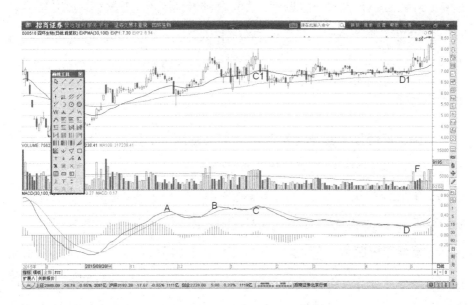

图1-7　四环生物日K线图

操作要领：

1. **从价格经历反弹走势来看**：如图1-7所示，我们看到股价反弹期间涨幅较大。价格从4元低点反弹至7元以上，涨幅接近100%。

2. **从缩量期间DIF线开始走弱来看**：就在股价缩量反弹期间，DIF线在A位置首次出现见顶的迹象。接下来图中B和C位置再次出现见顶，指标表现出弱势回调的状态。DIF线回调持续3个月，才最终在D位置触底。

3. **从买点机会出现在DIF线回调期间来看**：随着DIF线不断走低，图中显示的D位置DIF线触底，F位置量能达到100日等量线上方，预示着股价走强。

总结　可见，在MACD指标的DIF线弱势调整阶段，我们的交易机会并不多见。直到DIF线在低位出现的时候，买点才最终形成。弱势调整的过程中，我们减少操作还是有必要的。

1.4.2　MACD 的弱势横盘形态

在 MACD 指标弱势横盘期间，我们能够看到股价走势较弱。DIF 线横盘期间均线的发散趋势并不明显，价格在一段时间里涨幅受到限制。那么我们可以在股价弱势运行期间把握好高抛卖点。在 DIF 线最终见顶前抛售股票。

形态特征：

1. **股价已经处于回升趋势中：** 价格已经处于回升趋势，随着趋势的延续，我们能够看到股价上行趋势出现减缓的迹象。

2. **DIF线横向运行提示价格涨幅受限：** DIF线回升至高位以后开始横盘，这是比较典型的滞涨信号。DIF线横盘时间越长，价格见顶的概率越高。

3. **横盘结束提示卖点机会：** MACD指标的DIF线横盘时间越长，股价见顶的概率越大。如果我们看到股价横盘时间已经长达半年，这期间DIF线回落概率很高。一旦DIF线摆脱弱势横盘区域，下跌期间股价自然大幅度回调。

图 1-8　中国国贸日 K 线图

操作要领：

1. 从股价已经处于回升趋势来看： 如图1-8所示，在股价上涨的过程中，DIF线回升至A位置的高位。DIF线与股价同时经历了回升过程，价格涨幅较大。

2. 从DIF线横向运行提示价格涨幅受限来看： DIF线首先在图中A位置见顶，接下来指标横向运行，并且在B和C位置继续见顶回落。这期间，DIF线弱势横盘长达半年，交易机会在这个时候出现次数明显较少。

3. 从横盘结束提示卖点机会来看： 当股价在F和F1位置继续放量以后，我们看到股价天量见顶。随着DIF线在C位置见顶回落，高位卖点机会出现。

总结 | 在DIF线弱势横盘期间，交易机会出现在横盘结束的那一刻。我们持股的盈利空间不大，但是DIF线在C位置跌破横盘区域以后，卖点非常典型。股价在DIF线结束横盘以后大幅下跌，价格从D位置的高位回落达55%。可见，确认DIF线弱势运行的卖点非常重要。

1.4.3　MACD 峰谷替换折返形态

在价格回升期间，如果股价涨幅过大，那么调整就不可避免地出现。MACD 指标柱状线出现峰谷交替形态，这是股价进入调整状态的信号。我们能够看到这个时候股价波动强度很大，价格跟随 MACD 指标柱状线的峰、谷转换不断震荡。其间，买点机会在 MACD 柱状线谷形成的时候开始，而卖点则是在 MACD 柱状线峰形成的时候开始。

形态特征：

1. MACD指标柱状线出现峰形： 在MACD指标柱状线出现峰形的时候，DIF线单边运行明显。柱状线峰形出现在0轴线下方，高度越大，DIF线回落空间也会更大。

2. 价格深度杀跌： 由于MACD指标柱状线回落空间较大，短时间内股价快速杀跌。这个时候，正是股价经历强势调整的时段。

3. MACD峰谷交替出现： 当MACD指标柱状线高位下跌以后，调整已经不可避免的出现。MACD柱状线在峰和谷之间转换，而股价也经历了宽松震荡。这个时候，短线交易机会增加，但是持股风险也增加。

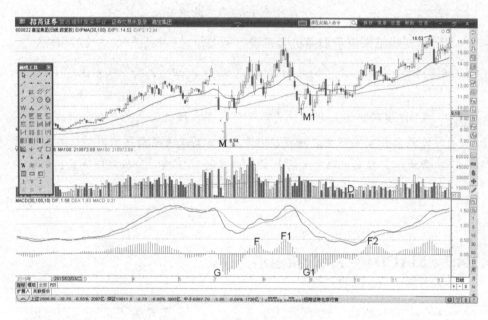

图 1-9　嘉宝集团日 K 线图

操作要领：

1. 从MACD指标柱状线出现峰形来看： 如图1-9所示，图中G位置的柱状线谷形态明显，这是回升趋势中股价进入调整状态的信号。MACD柱状线快速形成谷，意味着DIF线加速回调，这是股价调整的信号。

2. 从价格深度杀跌来看： 在MACD柱状线谷形态出现的时候，股价深度杀跌至图中M位置，牛市中的调整力度很大。

3. 从MACD峰谷交替出现来看：在MACD柱状线谷出现以后，柱状线峰形态出现在F和F1位置。同时，股价开始强势反弹。柱状线峰继续转变为柱状线谷，图中G1位置的柱状线谷出现，股价同步下跌至M1位置低点。

总结 | 在价格进入调整状态以后，我们看到随着MACD柱状线峰和谷之间频繁转换，价格波动空间加大。在MACD指标追涨企稳前，图中F2位置的峰形是最后一次价格强劲反弹的时刻。股价经过震荡以后，回升趋势再次确认。

1.5 MACD 指标的典型反转形态解读

在技术分析的时候，我们能够看到 MACD 指标的 DIF 线有峰、谷形态，这两种形态是单边趋势中容易出现的形态。在峰和谷形态完成的过程中，双顶和双底反转的形态也会出现。双底和双顶反转是比较典型的价格折返信号，同时也是我们通过 MACD 指标判断交易机会的重要手段。

1.5.1 MACD 峰、谷形态

MACD 指标的峰形态中，DIF 线见顶回落，这是回升趋势中比较典型的看跌信号。而一旦 DIF 线触底回升，又会表现为谷形态，这是股价二次企稳的买点信号。随着 MACD 指标在峰和谷之间不断转换，高卖和低买的交易机会不断得到确认。

形态特征：

1. **DIF线见顶回落形成峰**：当DIF线见顶回落以后，价格在回升趋势中遇阻。伴随着DIF线峰形态的出现，股价经历了调整走势。

2. **DIF线单边回调**：虽然回升趋势中DIF线单边回落，但是下跌期间并未跌破0轴线，意味着DIF线的峰形态只是股价回调的起始点，回升趋势还没有结束的可能。

3. **DIF线触底回升后完成谷形态**：当DIF线在0轴线上方完成谷形态以

后，股价止跌企稳，回升趋势进一步得到确认。

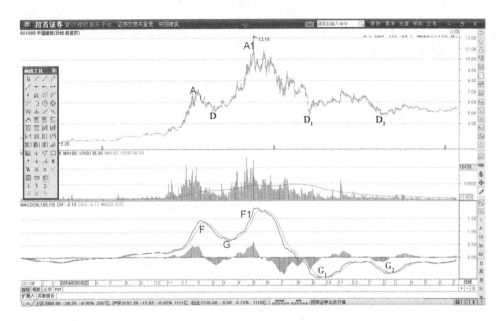

图 1-10　中国建筑日 K 线图

操作要领：

1. **从 DIF 线见顶回落形成峰来看**：如图 1-10 所示，当股价涨幅过大的时候，F 位置的 DIF 线峰形态出现。与此同时，股价在 A 位置明显见顶回落，随着 DIF 线峰形的完成，股价出现调整走势。

2. **从 DIF 线单边回调来看**：我们看到 DIF 线在 F 位置完成峰形态以后，指标在 G 位置止跌，并且以谷的形态结束了回调走势。DIF 线在峰和谷之间转换以后，股价从 D 位置低点开始反弹。

3. **从 DIF 线触底回升后完成谷形态来看**：G 位置显示的 DIF 线的谷形态规模并不大，这是回升趋势中经常出现的情况。DIF 线回调推动价格短线走低，成为股价下跌的导火索。

总结 │ DIF线在G位置的谷形态是不错的买点，由于DIF线没有跌破0轴线，买入股票以后，我们能够看到价格飙升至A1位置高点。而DIF线在G_1和G_2位置出现谷形态以后，我们看到股价虽然在B和B1位置触底，但是该股反弹空间有限。

1.5.2　MACD 的双顶形态

在股价回升的过程中，顶部的形态很容易体现为 MACD 指标的 DIF 线的双顶形态。DIF 线的双顶完成以后，表明股价成功见顶。随着 DIF 线跌破了双顶的颈线，价格下跌趋势可以得到确认。从卖点看，股价跌破双顶颈线的那一刻，同时也是卖点机会。

形态特征:

1. **暴涨之后DIF线出现顶部反转**：牛市行情中，股价经过一轮明显的飙升以后，DIF线开始见顶回落。这个时候，是DIF线双顶开始出现的信号。

2. **反弹期间出现DIF线第二个顶部反转**：DIF线首次见顶以后还不会进入单边下跌趋势，经过反弹后二次见顶，DIF线的双顶反转得到确认，这是价格反转的重要信号。

3. **DIF线双顶卖点得到确认**：DIF线以双顶形式见顶以后，DIF线跌破了双顶的颈线，提示我们高位抛售的交易机会出现。如果我们在DIF线完成双顶的过程中减少持股，可以显著降低亏损。

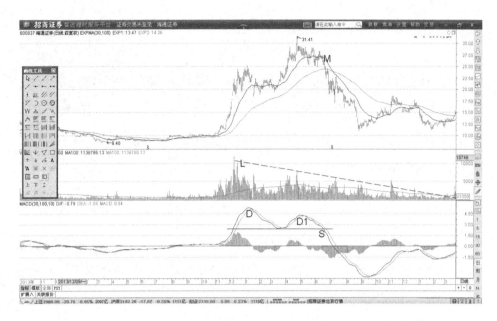

图 1-11 海通证券日 K 线图

操作要领：

1. 从暴涨之后DIF线出现顶部反转来看： 如图1-11所示，DIF线在D位置见顶回落，这提示我们股价已经进入顶部阶段。特别是图中成交量从L位置开始萎缩以后，DIF线回调确认了顶部位置。

2. 从反弹期间出现DIF线第二个顶部反转来看： 首次出现DIF线见顶的情况，这个时候股价下跌趋势还不明显。随着DIF线在D1位置的反弹阶段完成了第二个顶部，MACD指标双顶反转形成，这是更加显著的看跌信号。

3. 从DIF线双顶卖点得到确认来看： 我们看到DIF线在S位置跌破了双顶颈线，同时M位置的高位卖点也得到确认，可见高抛交易机会出现。

总结　从MACD指标的DIF线双顶完成后价格表现看，该股的确出现了暴跌走势。股价从最高位31.41元暴跌至11元附近，跌幅高达65%。如果我们在DIF线双顶完成的时候采取行动，我们能够将损失控制在15%以内。

1.5.3　MACD 的双底形态

在股价下跌的过程中，底部的形态很容易体现为 MACD 指标的 DIF 线的双底形态。DIF 线的双底完成以后，表明股价成功见底。随着 DIF 线突破了双底的颈线，价格回升趋势可以得到确认。从买点看，股价突破双底颈线的那一刻，同时也是买点机会。

形态特征：

1. **大跌之后DIF线出现底部反转**：在股价下跌期间，我们能够看到价格出现一轮明显的回落走势。下跌以后DIF线开始触底回升。这个时候，DIF线双底的第一个底开始形成。

2. **反弹期间出现DIF线第二个底部反转**：DIF线首次触底以后还不会进入单边回升趋势。只有经过反弹后指标二次触底，DIF线的双底反转才会得到确认，这是价格反转的重要信号。

3. **DIF线双底买点得到确认**：DIF线以双底形式反转以后，DIF线向上突破了双底的颈线，提示我们低位买点的交易机会出现。如果我们在DIF线完成双底的过程中买入票股，那么在价格反弹期间能够明显获得收益。

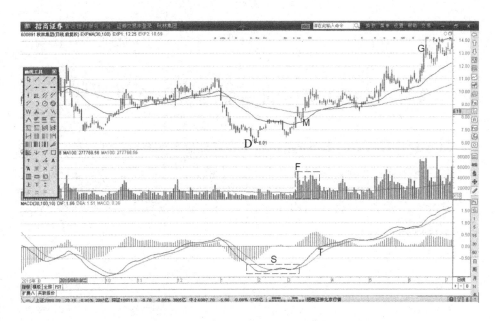

图 1-12　秋林集团日 K 线图

操作要领：

1. **从大跌之后DIF线出现底部反转来看**：如图1-12所示，我们能够看到DIF线从0轴线附近回落至S位置的低位区域。同期股价暴跌至D位置的低点，表明不管是MACD指标还是股价，回调力度都已经很大。

2. **从DIF线双底买点得到确认来看**：DIF线在低位震荡期间，我们能够看到S位置的双底形态出现。双底反转形态持续时间不长，但是DIF线连续两次向上穿越DEA线，提示我们反转形态完成。

3. **从DIF线双底买点得到确认来看**：当DIF线脱离S位置的双底形态以后，T位置显示的DIF线继续向上穿越0轴线，推动股价再创新高。

总结 ｜ 在DIF线双底完成以后，我们看到F位置的量能明显达到100日等量线上方，价格反弹期间的M位置的买点机会不容忽视。从M位置开始，价格飙升至G位置的高点，涨幅高达75%。

1.6 MACD 指标的局部震荡和单边趋势

MACD 指标的 DIF 线形态种类很多，我们能够看到指标线的震荡形态和单边趋势这两种常见的情况。震荡形态中，指标短期内的波动方向并不明朗，交易机会并不容易形成。而 DIF 线的单边趋势中，指标运行方向明确，交易方向也清晰可见。

1.6.1 回升趋势震荡

在价格回升阶段，我们会看到 DIF 线能够维持在 0 轴线上方，这是推动价格上涨的基础。实际上，我们可以看到 DIF 线横向震荡，均线的发散趋势就可以延续了。只是这个时候价格回升的节奏保持前后一致，并且在 DIF 线加速回升前，这种情况都不会结束。

形态特征：

1. **成交量频繁脉冲放大**：当成交量频繁脉冲放大的时候，我们能够看到价格已经出现了强势运行的情况。量能放大至100日等量线上方，说明庄家这个时候明显介入，持股的机会已经出现。

2. **DIF横向震荡**：在DIF线横向震荡期间，指标并未走低，但是也没有出现向上回升的情况。这表明，均线方面呈现出平行运行的情况。我们能够看到价格以一定的回升趋势运行。

3. 股价加速回升：DIF线结束了横向震荡的走势以后，接下来指标加速回升，推动股价快速冲击顶部。这期间，如果我们继续持有股票，相比较价格稳定运行期间的盈利会更多。

图 1-13　岳阳林纸日 K 线图

操作要领：

　　1. 从成交量频繁脉冲放大来看：如图1-13所示，我们看到图中F、F1和F2位置的量能明显高于100日等量线，成交量是100日等量线的两倍，这表明该股的活跃度很高，价格回升趋势可以延续。

　　2. 从DIF横向震荡来看：DIF线横盘震荡的时候，J位置显示的指标线表现稳健，这是支撑股价强势的基础。在DIF线震荡的时候，该股回升趋势始终得到延续。

　　3. 从股价加速回升来看：就在DIF线摆脱J位置的震荡形态以后，我们看到股价随着DIF线回升开始飙升。价格在高位区的回升速度很快，我们持股盈利的效率很高。

| 总结 | 在价格回升阶段，DIF线虽然横盘运行，但是指标横盘表明30日和100日均线方面平行回升，相应的价格上涨趋势更加稳健。我们在DIF线横盘的情况下持股，一旦DIF线加速回升，股价以涨停形式飙升至G位置的高点。买点机会出现在M位置。 |

1.6.2 下跌趋势震荡

在价格下跌阶段，我们会看到 DIF 线能够维持在 0 轴线上方，但是弱势震荡期间，指标线不断走低。这个时候，均线虽然还未出现死叉形态，DIF 线的弱势表现已经提示我们高抛卖点。如果我们把握好 DIF 线弱势震荡的减少持股的机会，接下来不会在 DIF 线加速回落的时候还会出现明显亏损。

形态特征:

1. **成交量萎缩至100日等量线以下**：当成交量脉冲频率减少的时候，我们能够看到成交量的萎缩趋势逐渐得到确认。这个时候，量能萎缩至100日等量线以下，价格表现逐渐变得弱势。

2. **DIF弱势震荡**：在DIF线横向震荡的时候，指标虽然还未跌破0轴线，但是短时间内的震荡变得弱势，指标正在逐步靠近0轴线。这期间，DIF线下跌确认的回落走势逐渐变得明朗。

3. **股价加速回落**：DIF线结束了横向震荡的走势以后，接下来指标加速回落，推动股价进入明显的单边回落走势中。这期间，我们将持股降低到最小，才能更好地适应下跌趋势。

图 1-14　恒立液压日 K 线图

操作要领：

　　1. 从成交量萎缩至100日等量线以下来看：如图1-14所示，我们看到成交量的萎缩趋势明显，从图中W位置开始，成交量已经在100日等量线下方。这个时候，技术性反弹的可能性渺茫。

　　2. 从DIF线弱势震荡来看：成交量萎缩期间，我们看到DIF线在Z位置弱势震荡，但是持续时间不长，DIF线就开始单边回落。

　　3. 从股价加速回落来看：在DIF线弱势震荡期间，股价在M位置的表现并不理想。接下来DIF线接近0轴线的时候，估计在M1位置表现更弱，M1位置是DIF线跌破0轴线前的重要卖点。

总结　DIF线在Z位置弱势震荡期间，我们看到DIF线早已经见顶。弱势震荡的过程中，这只是为投资者提供一次减仓交易机会。随着DIF线继续表现出弱势，接下来指标跌破0轴线以后，我们能够看到更大的跌幅出现。

1.7 MACD 指标的背离形态

在价格单边运行期间，我们能够看到股价的单边趋势可以与 MACD 指标形成明确的背离形态。这个时候，典型的交易机会出现在背离以后。价格短线的走势并不是今后股价的运行趋势，背离提示我们可以马上反手交易。这样，我们能够在股价加速反转前把握交易时机。

1.7.1 MACD 高位背离

股价出现天量顶部形态以后，从 MACD 指标来看，DIF 线出现背离形态，确认了股价顶部反转走势。随着下跌走势的出现，相应的抛售机会形成。可以说，DIF 线在股价大幅上涨以后出现背离形态，这是典型的卖点机会。行情还未发展到股价加速下跌的时刻，只能说背离还不够严重。通常，显著的背离出现以后，价格就会出现回落走势了。

形态特征：

1. **天量顶部形态出现**：在牛市行情中，如果天量的顶部形态出现，我们可以确认为股价已经成功见顶。这个时候，是比较好的高抛交易机会。

2. **DIF线高位背离**：DIF线在天量顶出现期间出现背离，背离形态是确认卖点的信号。在股价创新高的这段时间里，我们能够看到DIF线已经无法突破前期高位，表明MACD指标首先见顶，预示着股价即将大幅回落。

3. **股价出现杀跌走势**：按照天量见顶和MACD背离提示卖点的逻辑，股价会出现显著的杀跌走势。价格跌幅较大，幅度可达50%。

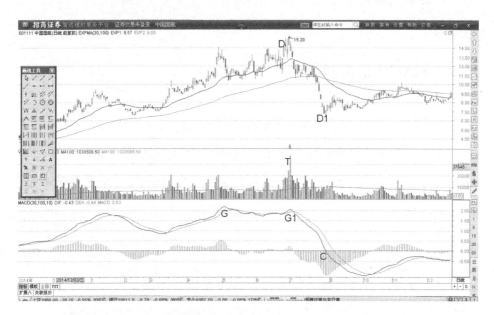

图 1-15　中国国航日 K 线图

操作要领：

1. **从天量顶部形态出现来看**：如图1-15所示，T位置的量能达到天量以后，股价虽然在D位置达到收盘价最高位，但是这是筹码大量换手的情况下出现的情况，意味着股价已经出现见顶信号。

2. **从DIF线高位背离来看**：DIF线在G1位置反弹，却没有超过前期的G位置高点，表明MACD指标提示的顶部形态已经出现了。背离和天量顶部同步形成，这是考虑卖掉股票的信号。

3. **从股价出现杀跌走势来看**：跌势出现以后，1个月里股价从D位置暴跌至D1位置的低点，跌幅超过50%。可见，背离反转提示的卖点不容忽视。

总结 我们看到在DIF线与股价高位背离以后，指标很快进入单边回落状态。DIF线在C位置跌破了0轴线，回调的趋势依然没有结束。最终，DIF线已经明显低于0轴线，意味着该股进入熊市状态。

1.7.2　MACD 低位背离

当股价在下跌趋势中出现地量底部的时候，我们看一下 MACD 指标的表现，能够发现指标的背离形态出现。MACD指标的DIF线与股价形成底部背离，相应的抄底时机出现。确认底背离的买点以后，我们能够看到价格在反弹期间的确会实现一定的涨幅。

形态特征:

1. **地量底部形态出现**：在熊市行情中，如果地量的顶部形态出现，我们可以确认为股价已经成功触底。这个时候，是比较好的低吸交易机会。

2. **DIF线低位背离**：DIF线在地量底部出现期间形成背离，背离形态是确认买点的信号。在股价创新低的这段时间里，我们能够看到DIF线已经无法跌破前期低点，表明MACD指标首先触底，预示着股价即将大幅回升。

3. **股价出现反弹走势**：按照地量见底和MACD背离提示买点的逻辑，我们能够看到股价出现了显著的反弹走势。价格反弹走势很强，股价涨幅可达30%以上。

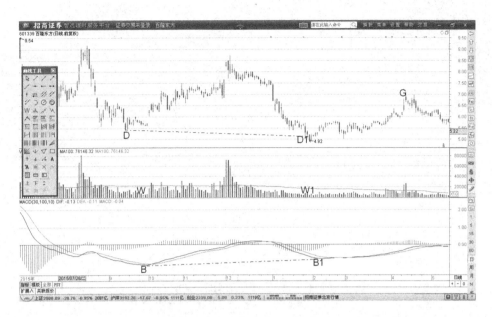

图 1-16　百隆东方日 K 线图

操作要领：

　　1. **从地量底部形态出现来看**：如图1-16所示，我们能够看到股价在D位置触底期间，量能在W位置已经达到地量状态。而价格继续回落至D1位置低点的时候，W1位置量能更低。

　　2. **从DIF线低位背离来看**：我们看到DIF线从B位置回升至B1位置高位，显然与再创新低的股价形成底部背离，预示着该股已经出现触底信号。

　　3. **从股价出现反弹走势来看**：价格从D1位置企稳以后，股价反弹至G位置的高点。股价短线的涨幅已经高达40%。可见，回升趋势中的交易机会不容忽视，特别是在指标背离以后，我们可以大胆买入股票等待盈利。

总结｜在MACD指标与股价出现低点背离以后，技术性的反弹期间，价格回升空间较大。如果我们动用一定的资金参与这样的反弹，那么即便前期股价下跌期间出现了一些损失，价格反弹高达40%的情况下，我们也能够挽回损失并且扩大收益空间。

第 2 章
MACD 快速线背离

　　MACD 快速线用来描述两条不同周期的指数平滑移动平均线，当快速线 DIF 与股价出现背离形态，可以确认为交易信号。背离越显著，交易信号越是明确。典型的交易机会总是在背离以后形成，这是不容忽视的问题。DIF 线与股价、均线同步运行，这是一种正常的趋势中出现的情况。背离则意味着指标走坏，提示价格趋势出现逆转。典型的牛市和熊市相互转换阶段，同样也是 MACD 快速线背离高发的时段。

2.1　DIF 线与股价同步反转形态

多数情况下，MACD 指标的快速线与价格运行趋势相同。对于顶部和底部的确认，我们能看到 DIF 线见顶或者触底的情况时，便是股价反转的信号了。这个时候，按照 DIF 线的反转来判断价格反转买卖时机，可以获得成功。

2.1.1　DIF 线与股价同步见顶形态

通常，如果股价的回升趋势持续时间不长，价格上涨期间指标同步上行。如果股价出现了见顶的信号，MACD 指标也会同步见顶。这样一来，价格高位的反转走势就能够得到确认。如果我们使用的 MACD 指标比较灵敏，那么卖点出现在 DIF 线跌破 DEA 线的过程中。

形态特征：

1.**价格高位出现放量顶部形态：**价格反弹期间，随着量能出现明显的放大，股价加速突破短线高位，这是回升趋势加速的信号。

2.**缩量黑三兵确认反转：**在价格加速回升以后，缩量黑三兵确认了高位的反转走势。股价很快进入缩量回落趋势中。

3.**DIF线跌破DEA线确认价格见顶：**我们可以通过DIF线跌破DEA线确认价格反转。在DIF线见顶的过程中，就可以卖掉股票避险了。

图 2-1 丽江旅游日 K 线图

操作要领:

1. **从价格高位出现放量顶部形态来看**:如图2-1所示,成交量在F位置显著放大以后,我们能够看到股价在Y位置加速回升。股价上涨速度很快,但是仅有一根放量大阳线形成。

2. **从缩量黑三兵确认反转来看**:放量上涨以后,价格高位的黑三兵形态出现在S位置,意味着股价顶部反转已经出现了。

3. **从DIF线跌破DEA线确认价格见顶来看**:图中D位置的DIF线很快见顶回落,在DIF线与DEA线完成死叉的时候,顶部反转得到了确认。

总结 │ 该股的回升趋势是一次时间较短的上涨,价格和MACD指标的表现都在短时间内强势。在见顶的情况下,DIF线与股价同步回落,确认DIF线见顶的时候,也是卖掉股票的信号。

2.1.2　DIF 线与股价同步触底形态

通常，如果股价的回落趋势持续时间较短，价格下跌期间指标同步回落。如果股价出现了触底的信号，MACD 指标也会同步见底。这样一来，价格低位的反转走势就能够得到确认。如果我们使用的 MACD 指标比较灵敏，那么买点就出现在 DIF 线向上突破 DEA 线的过程中。

形态特征:

1. **价格低点出现地量底部形态**：价格下跌期间，随着量能出现明显的萎缩，股价以比较小的幅度维持下跌走势，这是下跌趋势即将触底的信号。

2. **跳空阳线确认反转**：在价格缩量回落以后，我们能够看到反弹阳线确认了股价低位的反转走势。股价反弹速度很快，并且相应的买点机会得到确认。

3. **DIF线向上突破DEA线确认价格触底**：我们可以通过DIF线跌破DEA线确认价格反转。在DIF线见顶的过程中，就可以卖掉股票避险了。

图 2-2　黔源电力日 K 线图

操作要领：

1. 从价格低点出现地量底部形态来看： 如图2-2所示，图中显示的W位置量能已经萎缩至地量，成交量继续萎缩的空间已经很小，表明下跌趋势中抛售压力显著降低。

2. 从跳空阳线确认反转来看： 图中M位置的跳空反弹阳线形成，这是股价低位反转的重要信号。跳空小阳线涨幅不大，却是在地量状态下出现的底部，是比较典型的买点机会。

3. 从DIF线向上突破DEA线确认价格触底来看： 图中D位置的DIF线在0轴线下方确认触底，DIF线向上金叉穿越DEA线，表明该股跳空上涨是经过检验的买点机会。

总结 | 典型的底部可以在DIF线触底的时候得到验证。该股跳空反弹小阳线形成，是经过DIF线检验的有效反转形态。价格反转以后，该股从M位置的低点反弹至高位G点，涨幅已经超过50%。

2.2 DIF 线与股价高位顶背离点确认

MACD 指标的 DIF 线用于确认顶背离卖点，是比较有效的减少持股信号。当股价涨幅过大的时候，我们能够看到 DIF 线首先见顶的高抛机会出现。如果这种顶部反转成为价格卖点，接下来 DIF 线回落期间，我们能够看到股价出现加速杀跌的情况。

2.2.1 天量背离顶部确认

天量的顶部形态出现的时候，价格以显著的放量达到回升趋势的最高价位。这个时候，DIF 线却没有再创新高。实际上，我们根据 DIF 线高位反转的卖点减少持股的时候，就能够避免在价格杀跌的时候出现亏损。背离形态出现以后，我们有足够的时间完成抛售动作。这样，减少持股后就能够大幅降低亏损了。

形态特征：

1. **天量顶部形成**：量能出现天量的情况下，股价已经在回升趋势中见顶。天量期间大量股票换手到价格高位，相应的高抛交易机会也会更加明显。

2. **DIF线背离回落**：随着DIF线的背离回落，我们能够看到天量顶部出现的情况下，DIF线背离反弹的确是减少持股的信号。DIF线不在继续回升，股价短线下跌的概率大幅提升。

3. 最高价位抛售机会得到确认：背离形态出现以后，我们看到股价虽然在高位运行，但是卖点已经得到确认。如果我们在高位抛售股票，显然是值得的。背离提示的交易机会不容忽视，而如果我们及时减少持股，不会在跌势中遭遇损失。

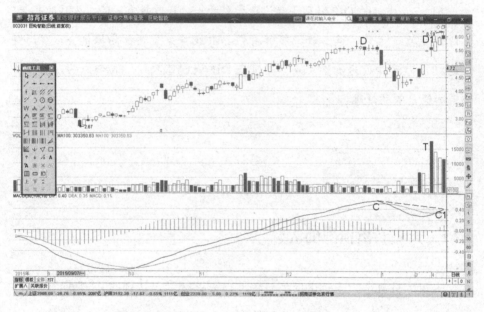

图 2-3　巨轮智能日 K 线图

操作要领：

1. **从天量顶部形成来看**：如图2-3所示，我们看到图中T位置的量能显著放大，量能是前期平均成交量的3倍以上。可见天量量能已经形成，股价在D位置的放量让我们看到筹码大量转移的顶部出现信号。

2. **从DIF线背离回落来看**：DIF线从C位置的高点回调，C1位置虽然反弹，却没有达到更高的位置。这样，DIF线率先走低，提示我们背离形态已经出现。天量顶部的确已经成为股价下跌的起点。

3. **从最高价位抛售机会得到确认来看**：T位置的天量量能出现以后，该股并未马上进入跌势。那么这期间，我们有足够的时间完成抛售动作。

总结 | 我们看到，股价最后一次放量飙升的时候，一字涨停板出现了。这是庄家诱多拉升的交易策略。天量成交表明庄家大量卖掉股票，散户的接盘成为股价见顶的推动因素。背离形态虽然简单，但是DIF线率先见顶，这的确是我们减少持股的机会。

2.2.2　背离后价格表现

典型的背离形态出现以后，我们会看到 DIF 线单边回落。这个时候，指标的回调提示我们价格也将下跌。可以预期的是，在背离以后 DIF 线回调的情况下，均线方面已经开始形成进入回调状态，那么股价下跌将是均线回调的导火索。确认背离卖点非常重要，使得我们能够在股价跌幅还未扩大的时候确保将仓位降低到最小。

形态特征：

1. **成交量单边萎缩：**量能出现天量以后，我们会看到成交量的萎缩趋势形成。这个时候，价格高位的抛售压力逐渐兑现。在成交量萎缩的趋势中，股价不断走弱，跌幅也会继续扩大。

2. **DIF线完成死叉形态：**随着DIF线的背离回落，我们能够看到DIF线的回落趋势延续下来。在DIF线跌破DEA线的那一刻，死叉的看跌形态进一步确认了下跌趋势。这个时候，我们的交易机会也得到了确认。

3. **反转后股价跌幅扩大：**天量以后股价缩量下跌，量能萎缩并且低于100日等量线的时候，股价跌幅显著扩大。这个时候，MACD指标背离以后，DIF线已经跌破了0轴线。

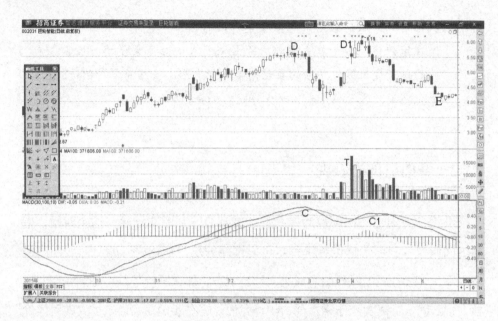

图 2-4　巨轮智能日 K 线图

操作要领：

1. 从成交量单边萎缩来看：如图2-4所示，我们能够看到量能在T位置达到天量，后期之后成交量持续萎缩，使得股价从高位开始杀跌。

2. 从DIF线完成死叉形态来看：在DIF线背离回落以后，C1位置很快出现了DIF线跌破DEA线的死叉形态。这样，死叉进一步验证了股价的反转走势。

3. 从反转后股价跌幅扩大来看：股价成功见顶了高位的D1位置以后，我们能够看到股价单边下跌至图中的E位置低点。D1位置对应价位是6元，E位置股价接近4元，该股跌幅超过30%。

总结 | 在DIF线与股价背离确认的高抛交易机会中，典型的卖点不容错过。如果我们丧失了背离卖点的交易机会，紧跟着股价加速回落，持股的情况下亏损很快扩大。

2.3　DIF 线顶背离与股价牛熊反转

　　熊市行情出现前，我们能够看到股价会经历大幅上涨的牛市行情。牛市行情的末期，股价波动总是非常强势，这是因为资金流动数量较大，投资者之间的筹码转换效率很高。这个时候，在股价强势震荡的过程中，MACD 指标的率先背离回落提示我们高抛的交易机会出现。

2.3.1　牛市顶背离

　　在牛市即将结束前，主力投资者总会想办法高位卖掉手中的股票。这个时候，我们会发现股价波动加剧，但是股价还是能再创新高。随着庄家拉升股价的力度减弱，MACD 指标的 DIF 线率先见顶，指标与股价形成背离的情况，这是我们判断高抛交易机会的重要信号。

形态特征:

　　1. **股价出现天量顶部**：当量能达到天量的时候，我们能够发现筹码的转移规模再创新高，股价已经临近见顶。

　　2. **价格第三次出现新高**：当股价第三次达到历史新高的时候，价格在高位区的强势表现达到顶峰。庄家继续拉升股价的量能已经不足，股价即将出现顶部信号。

　　3. **DIF线背离回落提示卖点**：DIF线在股价第三次达到新高的时候出现回

落，这是指标与股价首次出现典型背离，意味着高抛交易机会已经出现了。

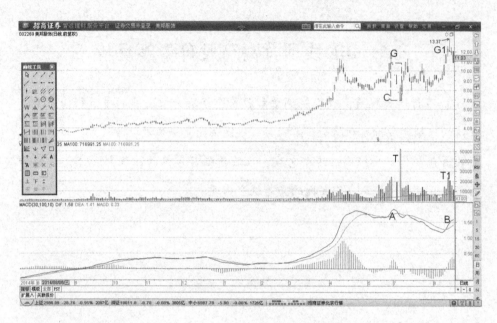

图 2-5　美邦服饰日 K 线图

操作要领：

1. 从股价出现天量顶部来看：如图2-5所示，图中T位置的成交量达到天量，价格经历了从G到C位置的下跌以后，筹码在高位区域大量换手，该股已经临近见顶。

2. 从价格第三次出现新高来看：股价在G位置达到新高价位，而G1位置是股价第三次再创新高。与此同时，T1位置量能明显低于T位置的天量量能，表明庄家拉升股价的力度减弱，股价已经临近见顶。

3. 从DIF线背离回落提示卖点来看：在股价达到G1位置的时候，DIF线只达到B位置。而B位置明显低于A位置的高位，这是非常典型的背离信号。

总结 | 在牛市行情末期，该股分别以三次顶部形态确认了高位卖点。
MACD指标的DIF线率先背离，验证了我们对于股价顶部的判断。如
果我们将背离卖点运用到实战当中，可以有效降低亏损。

2.3.2　背离与牛熊反转

牛市行情中，价格涨幅很大，这是公认的事实。我们不仅能够看到个股
出现翻倍涨幅，而且能够发现多数股票都出现了类似表现。而牛市行情末期，
随着股价估值快速见顶，庄家兑现收益的可能性大为提升。这个时候，我们可
以通过 DIF 线与股价顶背离确认卖点。

形态特征:

1. 成交量迅速低于100日等量线：在背离出现以后，我们能够看到量能
萎缩速度很快，短时间内就可以低于100日等量线，表明股价活跃度降温，价
格进入跌势。

2. 股价跌停反转：跌停反转是比较典型的顶部信号，这是庄家出逃以后
散户无力拉升股价的结果。价格跌停的同时，卖点机会也正在消失。

3. 熊市中价格不断下挫：熊市中股价以跌停开始下跌趋势，这种跌势
不会在短时间内停止。随着套牢筹码的增加，缩量下跌期间股价跌幅会不断
扩大。

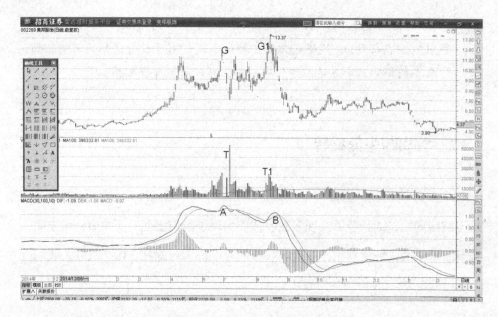

图 2-6 美邦服饰日 K 线图

操作要领：

1. 从成交量迅速低于100日等量线来看： 如图2-6所示，我们能够看到T
位置的量能短线放大以后，成交量在一周内就已经缩量至100日等量线下方。
这个时候，股价走势已经非常弱。

2. 从股价跌停反转来看： 从价格下跌方式看，股价在G1位置见顶以后，
跌停板走势出现，价格以加速杀跌的方式进入熊市。

3. 从熊市中价格不断下挫来看： 在熊市当中，比较典型的单边下跌节奏
得到延续。牛市期间价格高位是13.37元，而熊市中股价已经接近4元，跌幅接
近70%。

总结 ｜ 我们看到MACD指标与股价高位背离以后，卖点不可忽视。下跌期
间股价累计跌幅接近70%，持股投资者的亏损空间很大。实战当中，
价格高位背离提供的卖点机会已经比较早，我们能够以更好的减仓
方式规避下跌风险。

2.4　DIF 线底背离与股价牛熊反转

　　牛市行情启动前，我们能够看到股价会经历长期的下跌走势。而在熊市行情的末期，股价波动总是很弱，这是因为资金流动数量很小，是投资者之间的筹码转换数量有限的结果。这个时候，在股价处于弱势运行状态，而 MACD 指标的率先背离回升，提示我们价格低位的买点机会出现。

2.4.1　熊市底背离

　　在熊市即将结束前，主力投资者买入股票的力度增加。这个时候，我们会发现价格在低价区的波动不断加剧，但是股价涨幅还是非常有限。随着多空实力不断分化，买入股票的投资者实力回升明显，牛市出现前的 MACD 指标率先表现出触底迹象，指标与股价形成底背离，便是我们低价买入股票的信号。

形态特征：

　　1. **股价出现地量底部**：当量能达到地量的时候，我们能够看到股价缩量下跌速度明显减小，股价已经出现了地量底部特征。

　　2. **价格缩量回调出现新低**：当股价跌破前期价格的最低收盘价的时候，股价已经在地量期间出现新的收盘低价。不过看一下抛售的情况我们会知道，量能有限放大，资金主力已经不再抛售股票，少数散户投资者还在减少持股。

3. DIF线背离反弹提示买点：DIF线在股价创新低期间出现回落，但是DIF线回落后依然高于前期低点，表明指标已经与股价形成底背离。底背离是价格触底的重要信号，同时也是我们把握买点的时机。

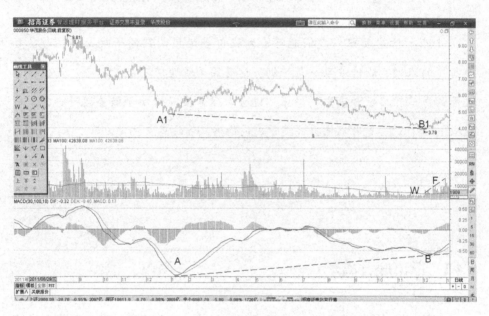

图 2-7　华茂股份日 K 线图

操作要领：

1. 从股价出现地量底部来看：如图2-7所示，图中W位置的量能已经达地量，我们认为成交量长期低迷的情况下，地量出现表明股价走势相当弱势。量能极度萎缩的时候，股价继续下跌空间有限。

2. 从价格缩量回调出现新低来看：量能达地量的情况下，股价在B1位置的收盘价明显要低于A1位置，这是价格在缩量状态下创新低的信号。

3. 从DIF线背离反弹提示买点来看：我们看到DIF线从A位置反弹至B位置，这与股价再创新低形成背离。指标在长达1年时间里形成的背离，我们认为是非常有效的底部特征。

总结 在W位置地量出现以后，背离图中F位置的放量回升值得关注。量能单边放大，这与地量量能形成明显的反差。这个时候，我们认为背离确认的买点已经值得建仓了。

2.4.2　背离与牛熊反转

熊市行情中，价格累计跌幅很大，这是公认的事实。我们能够看到个股多数会出现 50% 以上的跌幅。可以说，在熊市结束前的很长一段时间里，便宜股票遍地都是。而个股处于低价区的时候，MACD 指标与股价出现底背离形态的情况下，我们能够确认价格底部特征。在股价还未开始反弹的时候，背离便提供了买入股票的信号。通常，足够长时间里出现的背离形态，发出买入信号以后更容易被市场认可。在半年时间里出现了背离形态以后，我们认为背离是有效的，买点信号不容错过。

形态特征:

1. **股价在低位震荡**：背离出现以后，股价开始出现反弹信号。不过考虑到熊市持续时间较长，即便如此，股价也会在低位维持震荡一段时间，才会出现单边走强迹象。

2. **量能以脉冲形式放大**：在股价低位震荡的过程中，价格不再创新低，量能也开始以脉冲形式放大，这是主力投资者低价建仓的显著表现。

3. **股价最终脱离底部区域**：当价格最终脱离了底部区域以后，我们能够看到回升趋势中量能加速放大，股价上涨趋势得到确认。告别熊市以后，价格在牛市涨幅轻松达翻倍状态。

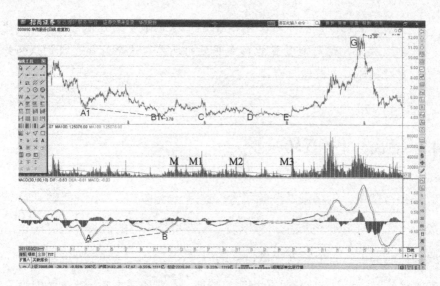

图 2-8　华茂股份日 K 线图

操作要领：

1. 从股价在低位震荡来看：如图2-8所示，指标与股价形成底部背离形态以后，我们能够看到股价维持低位震荡运行状态。图中C、D和E位置分别是震荡期间的低价区，同时也是我们买入股票的不错价位。

2. 从量能以脉冲形式放大来看：我们看到股价横盘震荡期间，价格低位M、M1和M2位置的脉冲量能明显出现，庄家在低价区开始买入股票，使得股价的表现维持横盘运行状态。

3. 从股价最终脱离底部区域来看：当成交量在M3位置显著放大以后，该股很快脱离低价区的震荡区域。进入放量回升状态以后，股价从低位4元启动，最高飙升至G位置的12元上方，涨幅达200%。

总结 ｜ 在MACD指标与股价出现底背离以后，我们确认的低价区的买点非常有效。虽然在背离以后股价并未大幅上涨，但是股价不再创新低，这是我们买入股票盈利的机会。跟随主力在低价区收集筹码，价格最终加速上涨以后，我们盈利空间很大。

第 3 章
MACD 柱状线顶背离

　　MACD 柱状线出现顶背离形态以后，我们认为价格已经接近高位，其间抛售机会出现，我们可以马上减少持股规避下跌风险。背离出现的价位越高，说明在抛售压力增加的情况下，股价继续上涨乏力。如果我们没有关注到 MACD 指标的柱状线背离，股价见顶回落之时我们会遭受很大损失。实战当中，MACD 指标柱状线背离的预知效果较好。背离意味着可以马上减少持股，避免价格下跌期间持股亏损扩大。

3.1 MACD 柱状线含义

MACD 柱状线是 DIF 线与 DEA 线的差值，柱状线数值越大，差值越大，表明 DIF 线的波动速度较快，单边趋势出现。当我们判断出 DIF 线的单边趋势以后，这个时候把握好交易机会更加容易。

3.1.1 MACD 柱状线描述对象

MACD 柱状线用于描述 DIF 线，柱状线处于 0 轴线上方的时候，体现了 DIF 线的单边回升趋势。柱状线越高，相应的 DIF 线的回升潜力也会更大。柱状线高度增加以后，即便 DIF 线还处于 0 轴线下方，我们也可以看到股价强势回升表现。

形态特征：

  1. **柱状线回升的同时DIF线上行**：柱状线在0轴线上方回升的过程中，我们看到DIF线处于DEA线上方，并且两者之间的距离不断扩大。这个时候，我们持股的盈利机会较多。

  2. **柱状线见顶的同时DIF线逆转**：我们看到如果MACD柱状线从高位回调，柱状线数值减小的过程中，DIF线相对于DEA线回落，这个时候价格见顶回落。同时，如果我们这个时候减少持股，那么可以轻松应对下跌趋势。

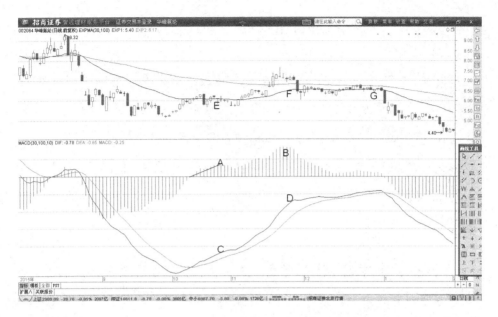

图 3-1　华峰氨纶日 K 线图

操作要领：

1. **从柱状线回升的同时DIF线上行来看：**如图3-1所示，我们能够看到MACD柱状线在A位置单边回升，这个时候，DIF线也在C位置稳步上行，价格反弹至E位置。接下来MACD柱状线继续回升到B位置高点，DIF线在0轴线下方回升阳线，股价反弹至短线高位F位置。

2. **从柱状线见顶的同时DIF线逆转来看：**MACD柱状线回升结束以后，柱状线在图中的B位置成功见顶。随着MACD柱状线的反弹顶部形成，高位卖点出现。D位置的DIF线跟随MACD柱状线回落出现调整。接下来股价回落至G位置的低点，下跌趋势得到延续。

总结 | MACD柱状线已经细化了DIF线的强弱表现，通过观察柱状线，可以确认DIF线走势和价格表现。MACD柱状线回升和收缩的过程中，相应的DIF线也有类似的表现。对于确认价格走势，柱状线提供的交易机会比较有效，更容易获得盈利。

3.1.2 MACD柱状线与价格表现

MACD柱状线的形态有很多种，柱状线可以出现峰形态和谷形态，同样也会有横盘运行的形态。柱状线出现峰形态的时候，是股价强势运行的阶段。而MACD柱状线的谷出现以后，价格短线的快速下跌走势形成。以MACD指标的柱状线为参照，我们可以很好地确认价格运行规律。借助柱状线判断买卖点，这是比较有效的交易策略。

形态特征：

1. **MACD柱状线横向运行形态**：MACD柱状线横向运行期间，柱状线高度不大，这个时候的价格单边趋势还未出现，低点交易机会出现的概率更高。

2. **MACD柱状线峰形态**：当MACD柱状线峰形态出现以后，价格表现抢眼，股价在短时间内强势运行，这是比较有效的看涨形态。MACD柱状线峰形成以后，价格点强势表现明显。

3. **MACD柱状线谷形态**：价格回升空间较大的时候，股价更容易出现高位反转的走势。MACD柱状线谷形态较深，该形态帮助我们确认价格短时间内的杀跌走势。

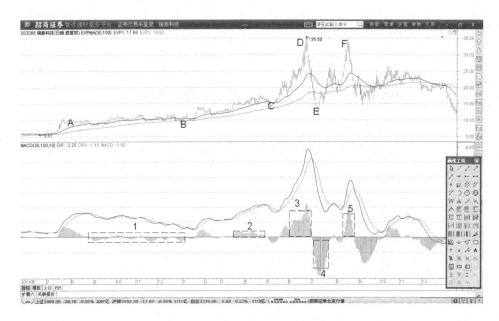

图 3-2　瑞泰科技日 K 线图

操作要领：

1. **从MACD柱状线横向运行形态来看**：如图3-2所示，图中1显示的这段时间里，MACD柱状线横向运行，柱状线的绝对数值较小，使得股价波动空间也比较小。对应的从A到B这段时间里，股价以横向运行为主。

2. **从MACD柱状线峰形态来看**：MACD柱状线的峰形态出现在2、3、5位置，同时股价在BC段、CD段和EF段的涨幅较大。特别是CD段和EF段，股价涨幅达到翻倍，这是非常难得的盈利时机。

3. **从MACD柱状线谷形态来看**：MACD柱状线的谷形态出现在4位置，股价在对应的DE段的下跌值得我们关注。DE段内股价跌幅超过50%。

总结 ｜ 在根据MACD柱状线确认交易机会，柱状线峰和柱状线谷阶段，价格波动空间较大。实际上，柱状线峰和柱状线谷分别是持股和持币的重要阶段。

3.2 MACD 柱状线背离的意义

由于 MACD 柱状线用于描述 DIF 线的强弱走势，如果 MACD 柱状线出现背离形态，常被认为是 DIF 线开始走坏的信号。同时，也是股价运行趋势开始逆转的起始形态。根据背离确认反向交易机会，即便在行情突变的过程中，投资者也不会出现措手不及的情况。

3.2.1 MACD 柱状线背离提示 DIF 线走弱

MACD 柱状线出现背离形态，表明价格回升趋势出现逆转。价格上涨的过程中，MACD 柱状线的回落是 DIF 线开始回调的信号。DIF 线回调，意味着股价已经出现顶部信号。在 DIF 线跌破 DEA 线之前，投资者有比较多的卖点机会。当然，最佳卖点一定出现在背离的那一刻。

形态特征：

1. **股价经历回升走势**：当价格在单边回升趋势中涨幅扩大的时候，如果价格还未明确进入牛市行情，指标会与股价形成顶背离形态。

2. **价格高位MACD柱状线首先回落**：在MACD柱状线首先出现见顶信号以后，我们能够看到价格短线上涨乏力，卖点机会得到确认。

3. **DIF线死叉再次确认卖点**：随着下跌趋势逐渐明朗，DIF线也跌破了DEA线，进一步验证了我们对于下跌趋势的判断。

图 3-3　黑猫股份日 K 线图

操作要领：

1. 从股价经历回升走势来看：如图3-3所示，价格在回升趋势中从5元的价格低点飙升至G位置的9.5元，涨幅已经达80%。这个时候，我们可以关注MACD柱状线表现，进一步检验回升趋势。

2. 从价格高位MACD柱状线首先回落来看：由于MACD柱状线的背离形态出现，柱状线从A位置收缩至B位置的低点，这是典型的背离卖点信号。MACD柱状线首先背离回落，这是我们考虑卖掉股票的信号。

3. 从DIF线死叉再次确认卖点来看：DIF线的死叉形态出现在S位置，说明DIF线的下跌趋势已经展开。死叉提示我们卖点得到确认。D位置的股价跌停便是DIF线死叉验证下跌趋势的结果。

总结　在MACD柱状线高位背离以后，柱状线很快收缩至C位置的低点，并且进一步向0轴线下方运行。这样看来，股价的下跌趋势已经不可能避免了。随着价格下跌节奏的加快，后期股价跌幅已经接近前期低点的5元价位。

3.2.2　MACD柱状线背离加速均线收缩

MACD柱状线出现背离形态以后，我们会看到均线的收缩加快。其实，MACD柱状线的背离推动DIF线见顶，从而使得均线开始黏合。当短期均线与长期均线黏合的时候，均线死叉又进一步加剧了股价的回落。

形态特征：

1. **股价出现强劲反弹：** 在价格反弹阶段，技术指标最容易出现背离形态。因为如果股价经历了明显的下跌以后，短期很难进入单边回升趋势中。价格在反弹期间创新高，我们会看到卖点信号。

2. **MACD指标在高位背离：** MACD柱状线在股价达到高位以后回落，这是提示背离的卖点信号。股价走势更强，但是MACD柱状线并未表现出同样的强势，背离验证了我们对后市的判断。

3. **均线收缩提示下跌：** 在均线出现收缩信号的时候，我们能够看到价格下跌节奏加快。这个时候，DIF线已经单边回落并且跌破0轴线，验证了均线走低的卖点信号。

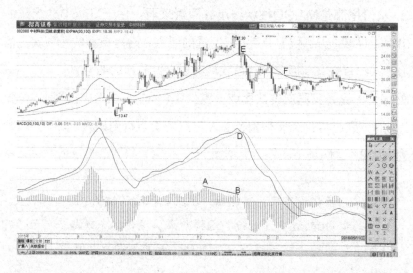

图3-4　中材科技日K线图

操作要领：

1. **从股价出现强劲反弹来看**：如图3-4所示，股价经历暴跌走势以后，该股反弹期间一度收盘在前期高位以上。如此强劲的反弹中，确认价格后期表现，还需要根据MACD柱状线的走势确认。

2. **从MACD指标在高位背离来看**：我们看到股价反弹创新高的时候，MACD柱状线从A回调至B位置，这是典型的背离形态。指标背离提示我们价格无法继续上涨，高抛交易机会在这个时候出现。

3. **从均线收缩提示下跌来看**：MACD柱状线背离回调以后，我们看到了D位置的DIF死叉形态出现，E位置的价格杀跌很快形成。随着DIF线单边下跌，均线在E到F段内出现了收缩和死叉看跌形态。卖点再一次得到验证。

总结 | 从MACD指标柱状线背离的那一刻开始，股价已经开始走低。背离使得DIF线加速回落，同时股价的反转效率很高，弱势下跌走势很快得到了确认。

3.3 MACD 指标柱状线背离的提前预知效果

实战当中，我们能够看到 MACD 柱状线的背离要先于股价反转。在 MACD 柱状线背离形态出现以后，DIF 线的反转正在形成。MACD 柱状线的背离更加清晰，使得我们能够在 DIF 线反转前的那一刻确认交易机会。

3.3.1 MACD 柱状线背离先于 DIF 线触底

在股价下跌期间，由于价格在短时间内累计跌幅较大，使得 MACD 指标的柱状线谷形态出现。而一旦股价跌势趋缓，我们能够看到 MACD 柱状线会形成背离形态。MACD 柱状线首先触底，与价格形成底部背离，这是典型看涨信号。在 MACD 柱状线与股价底背离出现不久，DIF 线也触底回升，进一步验证价格触底信号。

形态特征：

1. **股价经历加速回落阶段**：当股价进入下跌趋势以后，我们能够看到价格出现了加速杀跌的情况。在加速杀跌阶段，MACD柱状线短时间内跌幅更大。

2. **价格回落趋缓**：价格回落趋势经过加速阶段以后，股价下跌出现趋缓的迹象。即便如此，收盘价格依然再创新低。这个时候，我们应该关注MACD指标的表现了。

3. MACD柱状线与股价形成底背离：股价再创新低，MACD指标同步出现背离信号，这是股价触底的买点机会。随着柱状线与股价背离，之后DIF线触底回升，确认了价格底部买点。

图 3-5　江苏国泰日 K 线图

操作要领：

　　1. **从股价经历加速回落阶段来看：** 如图3-5所示，该股见顶回落以后，首次见顶期间股价下跌速度较快。图中L位置甚至出现了股价跌停的情况，这是跌势加速的重要信号。

　　2. **从价格回落趋缓来看：** 下跌期间股价回落趋势并未短时间结束，图中M位置股价跌破短线低点，股价下跌再创新低。

　　3. **从MACD柱状线与股价形成底背离来看：** 就在股价下跌至M位置低点以后，MACD指标柱状线从A反弹至B位置的高点，这是指标与股价底背离的买点信号。之后DIF线在C位置触底成功，进一步验证了我们的判断。

总结 | 在MACD柱状线与股价出现底背离以后，DIF线触底回升，相应的M1位置的买点得到确认。该股在S位置达到地量，一般认为股价已经触底。接下来价格跳空上涨，回升期间价格很快达到G位置高点，涨幅超过60%。

3.3.2 MACD柱状线背离先于DIF线见顶

在股价上涨期间，由于价格在短时间内累计涨幅较大，使得MACD指标的柱状线峰形态出现。而一旦股价上涨趋缓，我们能够看到MACD柱状线会出现收缩的信号。MACD柱状线收缩与股价再创新高形成背离，这是典型看跌信号。在MACD柱状线与股价顶背离出现不久，DIF线也出现高位回落，进一步验证价格顶部反转走势。

形态特征：

1. 股价经历加速回升阶段： 在牛市行情中，股价出现了加速回升的情况，这是股价大幅上涨的基础。经历了大幅上涨以后，股价在价格高位见顶的概率提升。

2. 价格上涨趋缓： 当价格上涨趋缓以后，我们能够看到价格高位出现了调整走势。股价不再出现单边上涨的走势，而是会明显下跌，说明股价距离见顶已经更进一步。

3. MACD柱状线与股价形成顶背离： MACD柱状线率先与股价出现顶背离形态，这提示我们高位反转走势出现。柱状线率先回落，说明DIF线已经出现顶部信号，价格高位反转走势随时会出现。

图 3-6　生意宝日 K 线图

操作要领：

1. **从股价经历加速回升阶段来看**：如图3-6所示，我们看到股价前期涨幅较大，价格从E位置的24元附近飙升至F位置的75元以上，涨幅达210%。

2. **从价格上涨趋缓来看**：经历加速回升阶段以后，图中价格一字涨停接近G位置高点的时候，这次涨幅为50%，明显小于前期阶段的涨幅。可见，该股上涨趋势已经趋缓。

3. **从MACD柱状线与股价形成顶背离来看**：MACD指标在B位置数值明显低于A位置，这是典型的指标与股价背离的卖点信号。MACD柱状线与股价高位背离不久，C位置DIF线就已经完成死叉看跌形态，G1位置的最高价卖点得到确认。

总结　在背离形态出现以后，C位置的死叉对应了M位置的高抛卖点。MACD柱状线提供的卖点更加接近顶部，而DIF线死叉出现的时候，股价已经出现反转走势。股价在高位G1位置的反弹卖点不容忽视，这是MACD柱状线与股价背离以后的典型抛售机会。

3.4 MACD 指标柱状线背离与高抛卖点

当我们使用 MACD 指标背离确认高抛卖点的时候，选择减仓时机非常重要。首次背离提供的卖点较好，但是不一定是最后的交易信号。如果股价走势较强，我们能够看到 MACD 柱状线与股价的背离还会第二次出现。到第二次 MACD 柱状线背离以后，卖点达到更高的价位，这个时候我们应该考虑大量减少持股了。

3.4.1　MACD 柱状线连续高位背离

股价连续两次达到更高的收盘价位，这个时候，MACD 指标的柱状线却出现背离回落的情况，这是非常典型的高抛卖点信号。确认 MACD 指标柱状线与股价背离非常重要，特别是两次背离形态出现以后，典型的卖点得到确认。我们依据背离判断价格高位的交易机会，可以达到最佳交易效果。

形态特征：

1. **量能维持缩量趋势**：当股价明显在牛市中大幅上涨以后，我们能够看到成交量开始出现萎缩迹象。这个时候，股价的上涨能够持续的时间已经不长，价格很容易出现顶部特征。

2. **股价以缩量形式突破前期高位**：虽然成交量萎缩，但是股价依然在缩量状态下达到收盘价最高位。并且，股价以两波上涨的形式再创收盘最高价，这是庄家操盘诱多的结果。

3. MACD柱状线背离形态第二次出现：MACD柱状线与价格再创新高形成背离，这种背离在股价两次创新高的时候出现，提示我们高位的卖点形成。

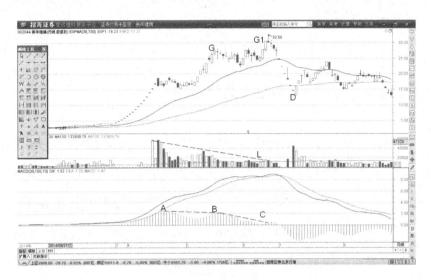

图 3-7　美年健康日 K 线图

操作要领：

1. **从量能维持缩量趋势来看**：如图3-7所示，量能持续萎缩至L位置的低位，L位置的量能几乎要跌破100日等量线，反映出该股的高位强势运行并没有量能放大支撑，股价继续维持高位运行的可能性很小。

2. **从股价以缩量形式突破前期高位来看**：价格在G位置缩量突破前期高位，而图中G1位置是高开再创新高的时刻。价格屡创新高的时候，我们可以用MACD柱状线来检验股价回升的真实性。

3. **从MACD柱状线背离形态第二次出现来看**：MACD指标在A位置达到比较高的峰值状态，接下来股价反弹至G的时候，MACD柱状线达到B位置的次高位。B点低于A点，同时接下来的C点柱状线再次收缩，表明MACD柱状线已经与股价高位背离，指标不支持股价上涨趋势。因此，卖点机会出现在G1位置。

总结 | 在量能萎缩期间，MACD柱状线确认了G1位置卖点以后，我们看到指标柱状线跌破0轴线，股价出现了连续一字跌停板的情况。可见，实战当中我们应该更好地运用MACD柱状线的背离卖点。在连续出现两次背离形态以后，大幅降低持股数量甚至是持币观望，都是可以做的交易动作。

3.4.2 MACD柱状线不连续高位背离

在价格回升期间，我们会看到MACD指标与股价的背离并不连续出现。在首次背离以后，价格回调完成的时候继续震荡上涨。股价上涨的持续时间相对较长，当价格震荡加剧的时候，我们看到最终MACD柱状线还是会与股价出现顶背离。当然，顶背离发生在收盘价创新高的时刻。MACD柱状线与股价第二次背离前，我们能看到MACD柱状线的峰形态。柱状线峰形态出现的时候，价格还未突破前高，因此我们称其为第二次背离的不连续背离形态。

形态特征：

1. **股价短线回调后创新高**：在股价运行的高价区，价格短线回调结束以后，股价很快再创新高。这个时候，MACD柱状线并未创新高，指标和股价高位背离形态得到确认。

2. **价格出现二次震荡**：当股价从高位回落以后，价格并未进入单边下跌趋势，而是以弱势震荡的形式反弹上涨。在股价突破短线高位前，股价明显会出现回调的空缺。经过调整以后，价格再创收盘新高。

3. **MACD柱状线二次背离出现**：MACD柱状线在股价反弹期间出现峰形态，而股价突破前期高位以后，MACD柱状线低于前期高位，使得背离形态得到确认。

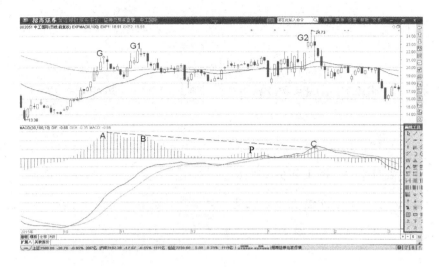

图 3-8　中工国际日 K 线图

操作要领：

1. **从股价短线回调后创新高来看**：如图3-8所示，股价在G位置达到顶部以后，我们看到G1位置的新高价位出现的时间很及时。但是MACD柱状线B位置明显低于A位置，这是指标与股价首次出现顶部背离形态。

2. **从价格出现二次震荡来看**：股价从G1位置回调以后，价格震荡频率增加。与此同时，MACD指标的柱状线在P位置达到短线高位，接下来的C位置虽然强势回升，却明显低于B位置高点。考虑到这个时候股价达到G2位置的更高收盘价，我们认为布林线背离已经出现。

3. **从MACD柱状线二次背离出现来看**：相隔3个月，该股连续两次达到新高，但是MACD柱状线却已经出现不连续的两次背离，这是确认G2位置卖点的信号。

总结　在运用MACD柱状线与股价背离卖点的时候，MACD柱状线在P位置出现峰形态，这并不影响我们对接下来两次背离卖点的判断。价格再创新高，而MACD指标在C位置没有超过B位置数值，这便是典型的高抛机会。

3.5 回升趋势的 MACD 指标柱状线背离卖点

在价格回升的过程中，我们根据 MACD 柱状线来判断高抛交易机会。柱状线的背离形态中，两次柱状线高度可以相似，当然也可以有很大差别。差别大的情况下，我们判断背离更加容易。差别小的时候，数值上 MACD 柱状线并未达到新高，同样提示我们高抛卖点。

3.5.1 MACD 柱状线相似顶部的背离

当股价在牛市行情完成大部分涨幅以后，价格走势依然很抢眼。这个时候，股价经历明显回调以后再创新高。我们通过 MACD 柱状线来判断，柱状线高度变化并不大。MACD 柱状线高度完全接近前期高位，但是细微的差距还是有的。我们利用 MACD 柱状线的数值来确认高位背离卖点。这样，就不会错过高抛交易的机会了。

形态特征：

1. **股价调整后创新高**：当价格经历短线震荡调整以后，我们看到价格走势强势。短线回调完成后股价再次反弹，并且股价再创牛市新高。

2. **MACD柱状线出现相似顶部**：与此同时，MACD柱状线在价格上涨期间同步回升，但是柱状线并未超过前期高位，而是以微小的差距形成了顶背离。投资者不可忽视这种背离卖点。

3. MACD死叉验证卖点：在MACD柱状线背离后不久，DIF线的死叉确认了下跌趋势。其实，这个时候股价已经出现明显下跌，并且跌势还没有结束的迹象。

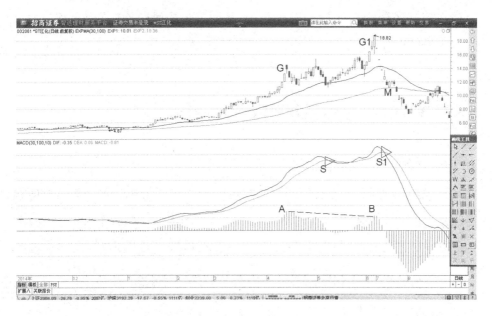

图 3-9　ST 江化日 K 线图

操作要领：

1. 从股价调整后创新高来看：如图3-9所示，该股在G位置见顶以后，股价进入回调状态。在一个月的时间里，该股都维持弱势格局。接下来股价获得30日均线支撑以后开始反弹，价格达到G1位置的新高价位。

2. 从MACD柱状线出现相似顶部来看：股价在G1位置明显达到新高价位，G1位置的18元相比G位置的14元高出20%。但是MACD指标柱状线只达到B位置，与A位置还有微小差距。我们认为这种MACD柱状线相似的高度上体现了背离卖点信号，我们可以在G1位置的高点减少持股数量。

3. 从MACD死叉验证卖点来看：S和S1位置的DIF线死叉验证了我们的判断。虽然S1位置的死叉出现明显相对B位置的背离滞后，但是这种高位减仓交

易机会不容忽视。

> **总结**　以MACD柱状线的背离形态为卖点信号，我们能够很好地确认高抛
> 交易机会。MACD柱状线出现的时机非常到位，在股价加速回落
> 前，背离已经形成。而MACD死叉形态出现的时候，价格已经下跌
> 至M位置的低点。

3.5.2　MACD 柱状线显著回调顶部的背离

　　牛市行情中，股价在高价区达到新高，但是MACD指标的表现却相当弱势。尤其是 MACD 柱状线明显低于前期的情况下，显著的背离提供的高抛交易信号非常值得关注。随着 MACD 柱状线见顶形态的出现，价格在高位背离以后出现明显的下跌走势。显著的指标背离成为我们卖掉股票的交易机会，把握好这样的交易时机，接下来的下跌趋势中我们不会明显亏损。

形态特征：

　　1. 股价弱势创新高：当股价弱势创新高以后，我们看到价格在短线涨幅并不大。这样的情况下，我们对价格上涨潜力持怀疑态度。价格高位股价很可能以弱势反弹见顶，接下来卖点我们通过MACD柱状线表现来确认。

　　2. MACD柱状线有限回升：MACD柱状线也出现反弹，但是相比前期高位要低很多。柱状线高度上的差距较大，这是指标与股价出现显著背离的形态。

　　3. MACD死叉验证卖点：显著的MACD柱状线与股价形成顶背离以后，接下来DIF线也快速跌破DEA线，以死叉的形式验证了下跌信号。

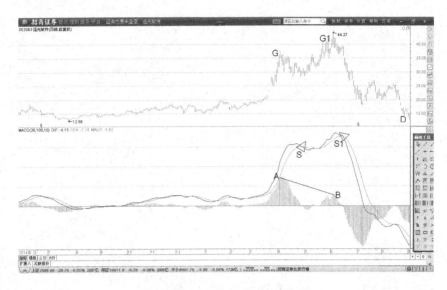

图 3-10　远光软件日 K 线图

操作要领：

1. 从股价弱势创新高来看： 如图3-10所示，价格在G1位置创新高，但是相比较G位置的高点，股价短线涨幅有限。弱势反弹期间，我们怀疑价格反弹的持续性会很弱。

2. 从MACD柱状线有限回升来看： B位置的MACD柱状线并不高，相比较A位置低了很多。这种情况下，一般认为股价已经出现了顶背离形态。按照背离卖掉股票的交易策略，图中G1位置的卖点机会不容忽视。

3. 从MACD死叉验证卖点来看： 背离后MACD死叉形态出现在S1位置，死叉出现得非常及时，使得投资者可以在股价加速下跌前卖掉股票。

总结　比较显著的MACD柱状线背离出现以后，DIF线上涨乏力，这个时候DIF线死叉出现非常及时，进一步验证了股价见顶信号。典型的MACD柱状线与股价高位背离以后，价格从G1对应的44元上方暴跌至D位置的15元以下，跌幅高达65%。可见，显著的MACD柱状线与股价背离卖点不容忽视。

第 4 章
MACD 柱状线底背离

　　在股价回落期间，MACD 指标的柱状线可以明显跌破 0 轴线，意味着 DIF 线表现不佳，均线方面持续走坏。这个时候，MACD 柱状线低位运行的特征出现。随着 MACD 柱状线不断走低，技术性背离形态出现。MACD 指标柱状线先于价格回升，意味着 DIF 线下跌趋势趋缓，技术性反弹即将展开。

4.1 下跌趋势 MACD 指标柱状线背离与低吸买点

下跌趋势中，我们能够看到价格快速下跌虽然也促使 MACD 柱状线谷形态出现，但是柱状线并未长时间维持低位运行。当股价下跌趋缓以后，MACD 柱状线与股价形成底背离，这是投资者买入股票的信号。

4.1.1 MACD 指标柱状线一次背离

MACD 指标与股价出现底部背离，一次背离以后价格就开始反弹上涨，这是比较常见的情况。结合价格短线弱势表现，我们看到股价从高位下跌空间较大，而背离后价格出现技术性反弹，股价更容易在背离形态出现以后大幅上涨。

技术性的反弹走势中，MACD 柱状线背离提供了很好的买入信号。特别是如果价格上也体现了反转形态的情况下，股价上涨就可以验证我们的判断。非常典型的触底回升走势中，我们不仅能够看到 MACD 柱状线的背离信号，还能看到价格的高效反弹走势。背离形态出现的情况下，紧接着股价上涨速度很快。事实上，这个时候的买点是稍纵即逝的。

形态特征：

1. 股价出现连续两波下跌：股价见顶以后出现连续下跌的情况，说明价格在牛市中出现明显的调整走势。这个时候，价格经历两波显著的下跌以后，股价跌幅远远超过具备调整的下跌幅度。

2. MACD柱状线显著背离： 价格明显回落以后，MACD指标也经历两波调整，MACD柱状线在第二波调整中回调空间有限，指标相对于前期处于相对高位，提示我们背离形态出现。

3. 股价进入高效率反弹阶段： MACD柱状线与股价形成底背离以后，我们看到股价出现高效率的反弹走势。价格以单边回升的形式确认触底，这样我们买入股票便可轻松获得收益。

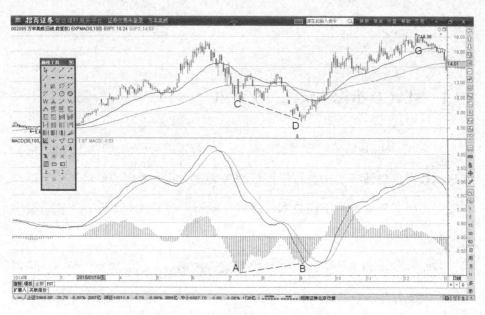

图 4-1 万丰奥威日 K 线图

操作要领：

1. **从股价出现连续两波下跌来看：** 如图4-1所示，股价见顶回落的时候，我们看到价格经历两波明显的杀跌。首次下跌股价在C位置反弹，第二次杀跌以后，价格已经从高位18元跌至D位置的8元下方，跌幅超过55%。

2. **从MACD柱状线显著背离来看：** 就在股价深度调整的时候，MACD柱状线也分别回调至A位置和B位置的低点。不过，B位置的柱状线明显不如A位置回调力度大，表明MACD柱状线与股价创新低的下跌形成底背离。

3. 从股价进入高效率反弹阶段来看：当MACD柱状线与股价背离以后，我们看到价格从D位置反弹，连续7根阳线形态出现，表明股价反弹效率很高。虽然短线涨幅不大，但是我们判断股价进入背离反弹阶段，这是难得的买点信号。

> **总结** | 在背离形态得到确认以后，价格走势按照预期发展，股价高效反弹至G位置的高点。下跌期间股价跌幅超过55%，背离反弹以后该股收复失地，涨幅超过100%。可见，掌握背离买点以后，抄底能够获得丰厚收益。

4.1.2 MACD 指标柱状线多次背离

在股价明显结束牛市以后，价格下跌的时间和跌幅会比较大。而长时间下跌的时候，股价经历一波又一波的杀跌走势。尽管跌幅已经较大，但是真实的底部还没有出现。这个时候，MACD 柱状线的背离形态又一次成为我们判断底部的有效手段。只是这一次的背离可以是两次，第二次背离完成以后股价开始反弹，相应的买点机会出现在 MACD 指标和股价第二次背离的那一刻。

形态特征：

1. **股价进入深度调整状态**：当股价结束牛市以后，价格在下跌状态下持续回落的潜力很大。我们能够看到股价经历下跌的波段，但是下跌的波段很多，价格最终跌幅会超乎我们想象。

2. **MACD柱状线背离第一次出现**：当MACD柱状线与股价首次出现底背离的时候，这是确认股价见底的信号。当然，单边下跌期间背离次数可以出现多次，一次背离并不一定是底部出现的信号。

3. 最后一跌期间出现第二次背离买点：事实上，首次背离完成以后，我们能够看到股价收盘再创新低。但是价格跌幅有限，使得MACD柱状线再次与股价形成底背离买点。第二次背离确认的买点不容忽视，这样的买点形态提示效果更好，是比较典型的抄底信号。

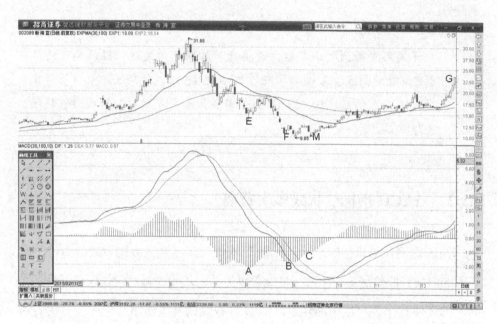

图4-2　新海宜日K线图

操作要领：

1. 从股价进入深度调整状态来看：如图4-2所示，我们看到价格在见顶以后出现了E和F两个典型的底部。在30元以上见顶以后，价格下跌至F位置的12元附近，跌幅高达60%。可见，该股调整力度是很大的。

2. 从MACD柱状线背离第一次出现来看：MACD柱状线从A位置回升到B位置，同期股价在F位置达到新低价位，这是柱状线与股价首次底背离的信号。

3. 从最后一跌期间出现第二次背离买点来看：短线震荡期间，我们看到股价在M位置出现收盘新低。虽然跌幅不大，但是同期MACD柱状线与股价二次背离。MACD柱状线只回调至C位置，相比B位置明显回升。二次背离提示的买点更加有效。

总结 | 在MACD柱状线与股价二次背离以后，价格从M位置的10元附近回升至G位置的22元以上，涨幅已经高达120%。如果说熊市中我们的亏损并不多的话，利用指标的背离形态买入股票，可以轻松扩大收益规模。

4.2 MACD 柱状线背离与 DIF 线不背离的交易机会

在 MACD 指标柱状线与股价形成背离的时候，DIF 线并未出现背离的情况。如果是下跌趋势，MACD 柱状线背离意味着 DIF 线下跌已经趋缓。但是 DIF 线并未结束下跌趋势。柱状线背离以后，DIF 线不久后出现触底信号。DIF 线金叉形态完成，确认价格低位的买点。

4.2.1 一次柱状线背离

实战当中，MACD 柱状线与股价出现底背离以后，技术性的反弹走势形成。价格在指标背离后开始反弹。即便 DIF 线依然处于下跌趋势，并不影响股价走强。随着 MACD 柱状线与股价形成底背离，技术性的反弹从 DIF 线的金叉形态开始加速。我们可以首先确认 MACD 柱状线与股价背离的买点，在 DIF 线确认触底的时候增加持股数量，那么回升趋势中可以获得较好的收益。

形态特征：

1. **股价经历暴跌走势**：股价见顶回落期间，价格明显经历暴跌走势。下跌期间股价跌幅较大，暴跌以后价格还会出现二次下跌。

2. **MACD与股价形成底背离**：当股价二次下跌并且跌破前期低点的时候，MACD柱状线的跌幅收窄，使得指标和股价出现底背离形态。这期间，DIF线并未与股价出现背离，但是短线买点不容忽视。

3. DIF线金叉验证反弹：MACD柱状线与股价底背离以后，DIF线回落趋缓。在接下来不多的交易日里，DIF线金叉穿越DEA线，确认了价格低位的买点。

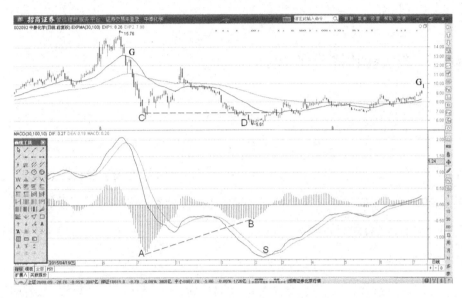

图 4-3　中泰化学日 K 线图

操作要领：

1. 从股价经历暴跌走势来看：如图4-3所示，股价从G位置的高位下跌以后，股价以最快的下跌速度触底C点底部。这段下跌走势中，该股暴跌超过50%，是一次非常显著的调整走势。

2. 从MACD与股价形成底背离来看：股价暴跌以后出现反弹，但是反弹空间不大，随后该股在D位置达到收盘最低价。为什么说这是最低价呢，很显然MACD柱状线在B位置相对回升，提示背离底部出现。

3. 从DIF线金叉验证反弹来看：当MACD指标的背离形态完成以后，股价在S位置出现金叉看涨信号。实际上，DIF线并未与股价背离，但是在MACD柱状线收缩的情况下，DIF线的金叉形态确认了股价反转。

总结 | MACD指标柱状线背离提供了比较好的买点机会，而DIF线虽然依然
单边向下，但是并不影响股价触底。实际上，DIF线的单边下跌空间
是有底的。图中S位置是DIF线的底部，接下来股价反弹至G_1位置高
点，实现了上涨以来50%的涨幅。

4.2.2 两次柱状线背离

在股价明显见顶回落，价格快速杀跌期间，技术性的反弹走势。不过技
术性反弹的空间可大可小。可以关注MACD指标背离信号提供的买点机会。
MACD柱状线与股价出现两次底部背离形态，一般认为是价格已经触底的信
号。随着背离完成，即便DIF线依然单边下跌，但是回调空间已经受到限制。
特别是在MACD柱状线两次背离的情况下，柱状线已相对回升，DIF线的触
底也即将出现。

那么这个时候，DIF线虽然并未与股价背离，但是DIF线短线回调并不
影响投资者根据柱状线背离买入股票。

形态特征：

1. **股价完成暴跌走势**：价格完成了暴跌走势，这是确认下跌趋势的关键
形态。暴跌以后，技术性反弹走势出现，股价在缩量状态下延续下跌趋势。

2. **价格出现多次调整**：一次暴跌行情结束后，股价的下跌并不会轻易结
束。多次回调走势出现，股价虽然跌幅较大，却还没有真正触底。

3. **MACD柱状线二次背离确认底部**：当MACD柱状线在0轴线下方相
对回升的时候，指标回升与股价形成背离。价格不但刷新最低收盘价，但是
MACD柱状线背离提示我们买点形成。

图 4-4　金智科技日 K 线图

操作要领：

1. **从股价完成暴跌走势来看：**如图4-4所示，股价从高位下跌以后，价格触底D位置的低点，该股跌幅高达50%。一般认为该股下跌空间较大，该股处于弱势调整状态。

2. **从价格出现多次调整来看：**当股价在D位置触底以后，真正的底部还没有得到确认。该股反弹持续时间不长，股价在D1和D2位置出现收盘价新低。

3. **从MACD柱状线二次背离确认底部来看：**观察MACD指标柱状线可以看出，柱状线已经从A位置回升到B位置以及更高的C位置，表明柱状线已经与股价背离。与此同时，DIF线单边回落至S位置的时候也开始反转。买点不受DIF线回落影响，投资者可以在MACD柱状线二次背离期间建仓。

总结 ｜ 二次背离的结果是，股价在D2位置成功触底。接下来价格很快进入震荡回升状态。可见，MACD柱状线的背离提示效果较好，至少二次背离以后投资者应该把握好低点交易机会。

4.3 MACD 柱状线与 DIF 线同步背离的交易机会

MACD 指标柱状线与 DIF 线同步背离的情况下，确认交易机会更容易实现。在 MACD 柱状线开始背离的时候，DIF 线的走势同样表现明确。这期间卖点可以通过 MACD 柱状线和 DIF 线与股价的双背离来确认。

4.3.1 MACD 柱状线背离形态

MACD 柱状线背离是比较容易辨别的形态特征，特别是在股价单边回升期间，技术性的背离形态往往出现在价格高位反弹的时候。股价结束单边回升趋势以后，经过调整，价格收盘价再创新高。这个时候，MACD 指标率先回落的背离形态得到确认。

实战当中，股价在上涨阶段虽然收盘创新高，但是价格短线反弹空间有限。在收盘刚刚达到新高的时候，背离就已经出现。可见抛售压力还是很大的，如果不减少持股，价格快速回落期间损失就比较大了。

形态特征：

1. **首次出现天量顶部反转**：当量价上出现了天量见顶的情况以后，一般认为庄家已经在短时间内集中出逃。这个时候，即便股价出现强势震荡的情况，也并非庄家在拉升股价，普通投资者对于天量后的价格表现可以持谨慎态度。

2. **股价震荡期间再创新高**：在股价震荡期间，我们看到价格再创反弹新高。如果我们在这个时候追涨买入股票，风险还是比较大的。天量释放了抛售压力，也证明庄家出逃成功。价格反弹很容易成为顶部反转形态。

3. **MACD柱状线与股价高位背离**：MACD柱状线与股价高位背离以后，技术性的顶部反转走势出现。这个时候，再创新高的收盘价已经成为绝佳的出货机会。面对背离卖点，投资者不应忽视减少持股的时机。

图 4-5　航天电器日 K 线图

操作要领：

1. **从首次出现天量顶部反转来看**：如图4-5所示，股价在T位置达到天量量能的情况下，该股已经成功见顶。随着天量顶部反转的形成，技术性的调整已经开始出现。

2. **从股价震荡期间再创新高来看**：在股价高位震荡期间，B位置的收盘最新高价值得关注。如果这是一次追涨的机会，看MACD指标的表现是否能够支持这样的价格趋势。

3. **从MACD柱状线与股价高位背离来看**：我们看到价格在B位置达到收盘价新高，但是MACD柱状线的表现却不理想。图中显示的柱状线已经从C位置回落至D位置，回调空间较大。可见，柱状线与股价B位置的新高收盘价形成背离，卖点在这个时候形成了。

总结 | 该股的单边回升趋势非常明显，但是天量顶部出现以后，投资者对于该股的回升趋势表示怀疑。MACD柱状线与股价的背离形成以后，这更加印证了投资者对于该股见顶的看法。投资者在背离的那一刻卖掉股票，下跌趋势中不会出现任何损失。

4.3.2　MACD 柱状线背离与 DIF 线同步背离形态

MACD 柱状线与股价出现顶背离的情况下，投资者还可以看一下 DIF 线的短线表现。如果股价走势偏弱，并且已经达到收盘高位，但是 MACD 柱状线与 DIF 线同时与股价顶背离，那么确认的高抛交易机会就明确了。DIF 线背离回落，体现了均线方面正在走坏，这是股价即将加速下跌的信号。

既然是股价无法维持强势，投资者选择 MACD 柱状线以及 DIF 线与股价同步背离的时候卖掉手中的股票，这样是比较有效的应对策略。

形态特征：

1. **股价经历明显的调整**：当牛市行情中股价经历明显的调整以后，价格回升趋势会受到抑制。这个时候，反弹期间投资者关注价格能否长时间延续回升趋势。

2. **反弹期间价格再创新高**：价格在反弹期间达到收盘价新高，这并不一定是牛市再次启动的信号。相反，经历了暴跌行情以后，投资者心理上会出现一些问题，持股不坚定者大量增加，这是股价见顶的重要特征。

3. MACD柱状线和DIF线与股价同步背离：MACD柱状线和DIF线同时与股价形成顶部背离，那么价格见顶的概率就会很高了。特别是经历了强势反弹以后，股价收盘价再创新高。这个时候，解套的投资者对于价格调整非常敏感。那么我们认为背离提示的卖点不应被忽视。

图 4-6　航天电器日 K 线图

操作要领：

1. 从股价经历明显的调整来看：如图4-6所示，股价在B位置的高位见顶以后，价格从35元深跌至15元附近，跌幅早已超过50%。而价格下跌前，MACD柱状线从C回落至D位置，而股价从收盘价A回升至B。柱状线与价格高位背离提示了我们卖点。

2. 从反弹期间价格再创新高来看：当该股触底回升以后，股价在E和F位置分别都达到了新高收盘价位。这时一般认为该股反弹强度已经足够大，而股价调整的压力逐渐形成。

3. 从MACD柱状线和DIF线与股价同步背离来看： MACD柱状线从G回落至H，这是MACD柱状线在局部行情中第二次背离形态。与此同时，DIF线在P1位置明显低于P位置，这是MACD柱状线和DIF线同时与价格背离的形态。双背离形态提示的卖点更加明显。

总结 ┃ 虽然股价暴跌以后强势反弹，但是MACD指标柱状线和DIF线都已经与股价高位背离，这是典型高抛信号。随即股价便二次下跌，并且下跌速度更快。一个月时间里，该股从40元回到20元低位。可见在实战当中，投资者应关注MACD柱状线和DIF线同时与股价背离的卖点。投资者不仅要卖掉股票，还要卖掉多数的股票，这样才能降低亏损。

第 5 章
MACD 的 DIF 线顶背离

　　MACD 指标 DIF 线在股价回升期间出现背离，背离以后指标很快回调。在 DIF 线回调期间，均线出现收缩迹象，提示价格表现较弱。一次典型的背离形态出现的时候，意味着价格难以有更好的表现。如果投资者在这个时候卖掉股票，是减少损失的不错机会。背离以后价格见顶迹象明确，股价下跌速度很快，使得背离卖点得到确认。

5.1 牛市见顶时的 DIF 线顶背离

牛市行情见顶的情况下,指标背离回调是典型减仓信号。由于股价在高位维持强势,把握收盘价格能够达到新的高度,但是指标的背离却更能说明问题。在股价无法单边回升的情况下,我们可以确认 MACD 指标的 DIF 线首先回调,已经提示我们减少持股。

5.1.1 牛市顶部 MACD 顶背离

在股价加速回升期间,我们能够看到股价上涨速度很快,同时 MACD 指标的 DIF 线回升速度也很快,这是比较好的回升趋势。指标和股价同步上涨,我们认为价格走势不会轻易结束。

但是,如果股价已经大幅上涨,并且指标也处于高位运行。那么这个阶段,即便价格收盘再创新高,MACD 指标的 DIF 线却不一定继续回升。MACD 指标的 DIF 线开始回调的时候,证明行情已经走到尽头。指标背离暗含价格滞涨的因素,投资者需要马上减少持股,以便应对可能的调整走势。

形态特征:

1. 股价经历加速回升阶段:加速回升阶段是股价单边上涨的标志,特别是牛市行情中,股价以涨停形式加速回升。这时股价走势很强,短线抛售压力不足以改变价格运行趋势,持股是比较好的做法。

2. 股价在高价区反弹创新高：当股价经过加速回升阶段以后，价格涨幅已经达高位区，这个时候股价继续出现收盘价新高，这是高位反弹的结果。我们并不能看到股价走势有多么强劲，价格高位的收盘新高是在震荡期间完成。

3. DIF线弱势背离：通过观察DIF线，MACD指标的DIF线已经不再继续回升。从涨幅来看，DIF线没有突破前高，意味着指标与股价之间存在背离关系。而背离便是投资者采取减仓措施的信号。

图 5-1　中工国际日 K 线图

操作要领：

1. **从股价经历加速回升阶段来看**：如图5-1所示，L位置股价加速回升迹象明确。在价格强势上涨阶段，一般能够确认股价已经经历牛市最快的飙升阶段。

2. **从股价在高价区反弹创新高来看**：股价在涨停飙升以后，价格达E位置的高点。接下来该股继续震荡上行，股价分别在F位置和G位置达到新的收盘价高位。而G位置的反弹新高卖点更值得我们关注。

3. **从DIF线弱势背离来看**：如果说价格高位回升期间，DIF线还能够在B位置创新高。那么接下来股价收盘继续回升的时候，C位置的DIF线已经明显低于B位置，这是典型的背离卖点信号。图中股价在G位置见顶前，P位置的价格宽幅震荡值得我们关注。价格宽幅波动通常是资金大规模进出的信号。考虑到该股涨幅过高，一般认为庄家出货后G位置的背离点是不错的卖点。

总结 在股价达到F位置高点的时候，我们看到DIF线在B位置勉强创新高，这是背离前的提示信号。根据DIF线弱势表现，以及价格波动加剧的事实，不难发现背离期间的高位卖点。

5.1.2 MACD 顶背离后死叉卖点

MACD典型的顶背离形态出现以后，我们总是能够看到接下来的死叉看跌形态。顶背离只是股价见顶的起始形态，而死叉则验证了我们对价格跌势的判断。MACD指标的DIF线与股价背离以后，DIF线开始出现调整信号。当DIF线真正进入跌势的时候，DIF线跌破DEA线完成死叉形态。MACD指标的死叉形态是检验均线回落信号的指标。DIF线死叉以后，短期均线快速向长期均线靠拢，下跌趋势由此形成。

形态特征：

1. MACD柱状线与股价背离：MACD柱状线与股价形成顶背离以后，技术性的调整才刚刚开始。随着股价出现滞涨的情况，价格下跌将很快成为现实。

2. DIF线死叉出现：背离以后，DIF线的死叉形态明确均线走坏。典型的死叉形态意味着卖点得到确认。如果投资者没有在死叉出现以后减少持股，那么股价进入跌势以后，持股投资者的亏损空间将大幅提升。

3. 股价连续跌破短期和长期均线：背离确认的卖点非常典型，因为背离期间股价已经涨无可涨，价格回落将是牛市中的破坏性杀跌走势。而股价分别跌破短期和长期均线，便是这种下跌趋势的必然结果。

图 5-2　中工国际日 K 线图

操作要领：

1. 从MACD柱状线与股价背离来看：如图5-2所示，MACD指标的DIF线与股价在C位置背离，价格在G位置见顶回落，这是典型的抛售机会。

2. 从DIF线死叉出现来看：随着背离出现，S位置的DIF线死叉形态得到确认，相应的M位置的卖点进一步得到确认。

3. 从股价连续跌破短期和长期均线来看：DIF线死叉正是股价加速回落的体现，特别是死叉形态出现以后，股价跌破了30日和100日均线。价格从G位置的32元附近暴跌至15元，跌幅已经超过50%。

总结　利用MACD指标的DIF线背离确认卖点的过程中，价格在背离的那一刻已经停止上涨。从背离到DIF线死叉出现的这个过程中，股价已经从G位置调整到M位置。如果说选择最佳卖点，投资者不必在死叉以后加速出货。因为到那个时候，该股下跌速度很快，出货难度已经很大。背离后马上大量减少持股，就可以应对价格下跌走势。

5.2　局部见顶的 DIF 线顶背离

实战当中，我们看到的 MACD 指标顶背离形态，并非全部是股价大跌的信号。如果是价格处于回升趋势，背离提示的卖点可以是股价局部回调的起始点。当调整结束以后，我们会看到股价出现明确的止跌信号。这个时候，局部调整后的买点也会形成。

5.2.1　DIF 线背离提示股价局部见顶

当股价出现了见顶形态以后，股价在高价区域的双向震荡还是比较频繁，即便是在 MACD 指标的 DIF 线回调的情况下，股价依然会达到收盘价新高。不过投资者可以按照 MACD 指标的背离形态确认高抛卖点。如果背离形态明显出现，投资者第一时间减少持股数量，可以避免在调整走势中亏损。局部行情中价格调整空间也会比较大，特别是背离形态出现以后，股价很容易下跌至比较重要的均线位置，这是投资者关注的重点。

形态特征：

1. MACD柱状线与股价背离： 当MACD指标与股价形成背离以后，价格已经局部见顶。这个时候，投资者卖掉股票是没有问题的。特别是观察前期股价上涨来看，如果价格涨幅已经接近甚至超过100%，股价回调的概率更高。

2. **DIF背离再次提示卖点**：由于MACD柱状线的背离更具前瞻性，接下来如果DIF线也出现顶背离，股价短期会大幅调整。投资者可以利用MACD柱状线背离以及DIF线背离确认高位抛售机会，减少因为股价下跌带来的损失。

3. **股价高位回调至100日均线**：当价格从高位回调的时候，即便是局部调整走势，价格也会寻求重要的100日均线的支撑。100日均线支撑力度很大，价格高位回落以后，可以很容易在100日均线触底。

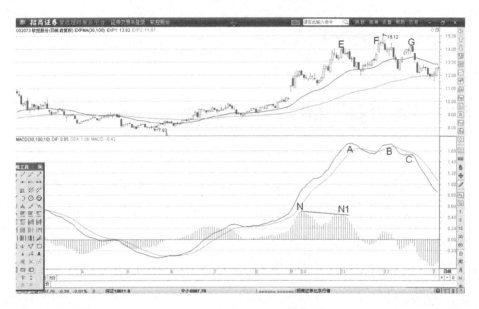

图 5-3　软控股份日 K 线图

操作要领：

1. **从MACD柱状线与股价背离来看**：如图5-3所示，价格在E位置达到14元的高价区，同时MACD指标柱状线从N位置回调至N1位置低点，这是有效的背离卖点机会。E位置的价格高位是不错的卖点。

2. **从DIF线背离再次提示卖点来看**：当股价开始双向震荡的时候，股价在F位置达到收盘价新高，但是同期MACD指标从A位置回调至B位置，这也是不错的背离形态。背离以后价格表现弱势，比较好的卖点又在F位置出现。

3. 从股价高位回调至100日均线来看：指标与股价两次背离以后，DIF线在C位置已经跌破DEA线，G位置的高抛卖点不容忽视。接下来，股价很快调整到12元对应的100日均线附近。作为回升趋势中的调整走势，这是对前期股价上涨的有效回调。

| 总结 | 在价格回调阶段，MACD指标提示的背离形态出现期间，我们能够很好的把握交易机会。背离意味着股价见顶，判断好卖点时机的情况下，价格下跌却不会对我们的交易造成实质影响。相反，我们还能利用指标出现底背离来低价买入股票，提高今后的盈利潜力。 |

5.2.2　MACD柱状线背离提示股价触底

价格在高位震荡期间，股价活跃度很高，这个时候的指标背离会更容易形成。投资者能够根据背离确认高抛交易的价位，同样也能够利用背离确认低价区的买点。如果投资者选择可靠的低价区建仓，那么盈利空间会比较大。价格回调至非常重要的100日均线的时候，MACD指标的柱状线背离形态出现。按照背离买入的原则建仓，接下来股价延续前期回升趋势的时候，投资者的盈利自然就会增加。

形态特征：

1. 股价靠近重要的100日均线：由于股价已经调整到非常重要的100日均线附近，这是股价调整到位的重要信号。投资者可以参照MACD指标来把握价格低位的买点机会。

2. MACD柱状线底部背离：价格回调至100日均线期间，如果这仅仅是对回升趋势的一种短期调整，那么MACD柱状线的底背离形态就会出现，这提示投资者应该考虑在价格低位建仓交易了。

3. 低价建仓后快速盈利：MACD指标的背离推动价格触底回升，股价摆脱100日均线以后，上涨空间会超过前期高位，这是回升趋势中交易机会形成的信号。

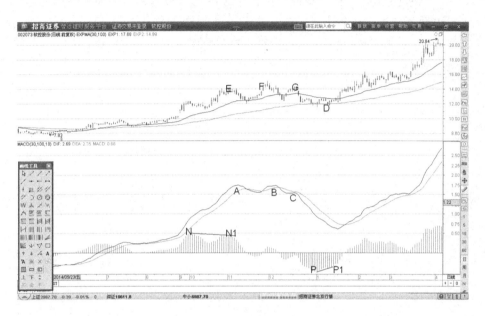

图 5-4 软控股份日 K 线图

操作要领：

1. 从股价靠近重要的100日均线来看：如图5-4所示，股价在图中D位置接近了100日均线，但是该股并未跌破100日均线。可见，均线对价格短期回调的支撑效果还是比较好的。

2. 从MACD柱状线底部背离来看：MACD柱状线从低位P回升至P1位置的相对高位，这是非常典型的背离形态。MACD指标表现抢眼，一般认为该股的回调到100日均线就已经结束了。

3. 从低价建仓后快速盈利来看：股价从D位置的12元开始触底回升，价格在两个月里飙升至20元高位，涨幅高达67%。考虑到投资者是从价格回调的低位开始建仓，67%的收益空间在局部行情中还是比较好的表现。

总结 | 在价格进入牛市以后，非常典型的买点机会出现在股价回调阶段。投资者根据MACD指标背离提前确认高抛交易价位。同样的，投资者也可以在价格回调至100日均线期间，利用MACD指标底背离把握好买点时机。这样的话，在牛市中波段行情里扩大收益，投资者的获利空间还会很大。

5.3　MACD 弱势顶的顶背离（大恒科技）

当股价经历大幅上涨的走势以后，高价区股价出现横向震荡的情况，指标也跟随股价出现调整。而典型的卖点出现的时候，投资者能够从指标的背离确认高抛卖点。在 MACD 指标高位背离回调的情况下，股价短线收盘达到新的高价位，这是背离提供的卖点信号。

5.3.1　MACD 高位弱势背离

MACD指标在高位区出现背离形态，一般可以确认为卖点。在背离出现前，价格经历了显著的单边回升走势，并且股价累计涨幅已经达到翻倍程度。这样的话，一般认为背离并不是突然出现的卖点信号，而是高价区应该会有的形态特征。股价收盘能够达到更高的价位，但是 DIF 线并未创新高，表明价格是在均线发散趋势不强的情况下上涨，这种上涨并没有可持续性，因为投资者可以卖掉股票。

形态特征：

1. **股价单边回升后见顶**：在价格单边放量上涨的时候，股价涨幅已经达到翻倍，而这个时候股价出现见顶回落走势。明显的调整出现以后，价格进入调整状态。

2. **价格经历两个月横盘运行**：当股价经历了两个月横盘运行以后，股价短线调整效果较好，价格调整到位后开始反弹。当股价收盘上涨的时候，投资者可以将前期最高收盘价视为压力位。

3. DIF线与股价收盘新高形成背离：股价能够在高价区横盘后再创收盘新高，这本身是比较强势的价格表现。不过通过DIF线背离回调看，并未发现强势表现。指标表现弱势，意味着股价上涨有庄家诱多拉升的嫌疑，价格已经没有继续上涨的潜力，一般视为高抛信号。

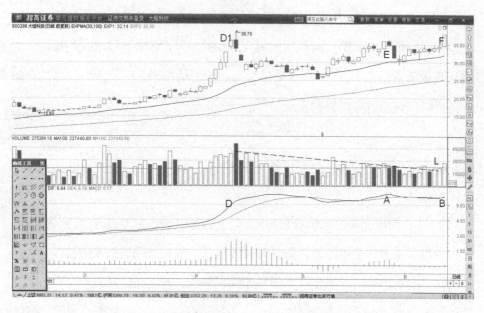

图 5-5　大恒科技日 K 线图

操作要领：

1. **从股价单边回升后见顶来看**：如图5-5所示，股价单边上涨阶段，价格在D1位置见顶前，该股经历过连续11个交易日的阳线走势。股价表现很抢眼，但是由于涨幅较大，还是出现见顶信号。

2. **从价格经历两个月横盘运行来看**：当价格冲高回落以后，技术性的回调走势形成。该股从D1位置到F位置的横盘长达两个月。从量能表现看，成交量萎缩至L位置低位。L位置的成交量勉强达到100日等量线，说明股价上涨的动力显然是不足的。

3. **从DIF线与股价收盘新高形成背离来看**：价格反弹期间，股价F位置达

到收盘价新高。F位置的收盘价明显高于D1位置。但是同期DIF线的B位置要
低于A位置，这是指标与股价背离的卖点信号。

| 总结 | 调整结束以后，股价首次达到收盘价新高，但是指标走势很弱，不能与股价同步上涨。指标背离不会说谎，价格突破是假突破形态，并且持续时间很短，我们视为高价区典型卖点信号。 |

5.3.2　MACD 弱势背离卖点分析

一次 DIF 线与股价高位背离，就已经确认了高抛交易机会。当然，我们可以继续验证股价见顶信号，通过 DIF 线的死叉形态检验股价是否真实见顶。接下来股价进入回调状态，而 DIF 线也会跌破 DEA 线，完成投资者看跌的死叉形态。死叉形态与背离形态都是检验股价顶部的形态，一般视为高抛交易机会。

形态特征:

1. **MACD死叉出现**：MACD死叉形态出现在背离以后，很好地验证了价格顶部形态。值得关注的是，死叉形态出现指示，股价已经在回落过程中。只是价格短期跌幅还不大，投资者高位抛售股票的机会还没有完全消失。

2. **DIF线加速回落**：DIF线加速回落的情况下，股价表现为下跌走势。这期间，DIF线的回落只是指标背离和反转后的正常表现。背离提供的卖点不容忽视，而DIF线的回调才刚刚开始。

3. **股价反弹卖点机会出现**：当DIF线以死叉形式跌破了DEA线的时候，股价接下来出现反弹走势，可以确认这是卖出股票的机会。反弹并非每次都会出现，特别是在DIF线回调期间。持股的投资者需要更快地利用反弹卖掉股票，减少因为股价下跌出现的亏损。

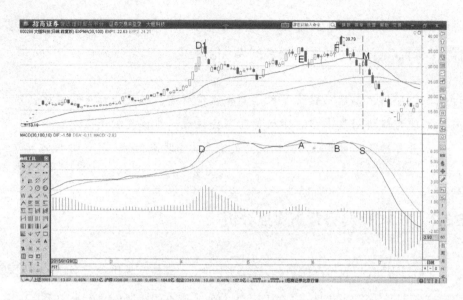

图 5-6 大恒科技日 K 线图

操作要领：

1. 从MACD死叉出现来看： 如图5-6所示，在DIF线背离以后的一周内，MACD死叉已经形成。股价从F位置的高位下跌，价格高位出现了连续回落的黑三兵形态，这一形态是典型的高位反转信号。

2. 从DIF线加速回落来看： 死叉出现以后DIF线在S位置加速回落，这提示我们卖点机会已经出现。接着股价加速回落至100日均线后出现反弹，该股下跌趋势已经在加速中出现。

3. 从股价反弹卖点机会出现来看： 当我们确认DIF线回落的时候，图中M位置股价短线反弹，但是股价仅仅反弹至30日均线，下跌趋势不会就此结束。还没有出货的投资者，可以在M位置反弹期间卖掉手中股票。

| 总结 | 在MACD指标高位背离的时候，一般认为这是价格在高位的第一卖点机会。风险承受能力强的投资者可以在价格回落反弹的时候卖掉股票，但是对于多数投资者而言，选择背离期间减少持股是很有必要的。 |

5.4 RSI 指标超买背离与 MACD 顶背离

在确认背离卖点的时候，RSI 指标的超买背离和 MACD 指标高位背离有着同等重要的提示效果。由于指标计算方法不同，RSI 指标的背离更多体现在价格涨幅天数过多的时候出现背离。而 MACD 指标用于确认均线之间的走势，体现了价格本身的一种背离和反转形态。

5.4.1 RSI 与 MACD 同步顶背离

当 RSI 指标与股价出现顶部背离形态的时候，一般认为从价格上涨的交易日看，股价已经不能继续上涨。背离出现使得股价上涨的迹象更加模糊，价格距离进一步见顶更近。而结合了 MACD 指标的背离形态，价格上表现出的顶部特征已经会出现。这个时候，确认高位的卖点机会非常重要，使得我们能够在价格还未下跌的时候就能够确认卖点。

形态特征:

1. 股价高位见顶回落：当股价在回升趋势中见顶以后，大涨后的价格顶部提示股价已经开始调整。这个时候，如果筹码转移效率比较高，那么股价将在不久后见顶。

2. 调整结束后价格跳空创新高：横盘调整期间，股价并未出现大幅下跌。价格横向运行期间再次获得支撑，股价以跳空上涨的形式突破前期高位。

3. RSI和MACD指标同步提示背离：RSI指标和MACD指标同步出现顶背离。RSI指标前期已经超买，而股价创新高的时候指标已经在低位运行。与此同时，MACD指标的弱势反弹也没有超过前期高位，意味着股价上涨已经不能持续。

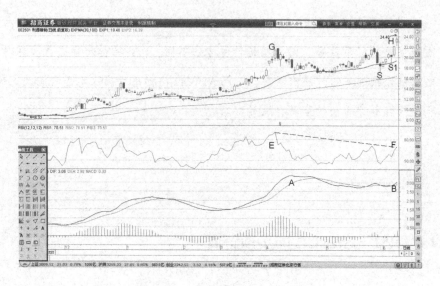

图 5-7　利源精制日 K 线图

操作要领：

1. 从股价高位见顶回落来看：如图5-7所示，该股从8元启动以后，股价飙升至G位置的20元以上，涨幅高达150%。这个时候股价创新见顶信号，不用怀疑该股见顶的真假，因为股价涨幅确实比较高了。投资者可以用指标背离来确认高抛交易机会。

2. 从调整结束后价格跳空创新高来看：虽然股价在S和S1位置显著回调，但是股价短线强势表现依然值得关注。图中H位置显示的价格已经出现跳空上涨，股价收盘达到牛市里最高价位。

3. 从RSI和MACD指标同步提示背离来看：用RSI指标和MACD指标背离判断该股已经见顶，即便是股价跳空上涨的情况下，这依然是高位抛售股票的机会。RSI指标回调至F位置，同时DIF线回调至B位置，都体现出高位见顶形态。

总结 | 在背离前，价格在S和S1位置出现下影线K线形态，影响很长，盘口价格调整力度很高。一般认为这是股价典型的顶部特征。股价跳空上涨，这是多方资金诱多拉升的最后一次强势表现。背离很好地提醒我们顶部信号，抛售股票机会就在跳空阳线出现以后。

5.4.2　背离卖点确认

在指标高位背离以后，投资者并不需要等待 MACD 死叉出现的时候减少持股，背离就提示了高抛交易机会。随着减少持股的完成，我们能够看到价格很快出现下跌走势。从指标来看，背离之后 RSI 指标继续回调，并且跌破了50线，意味着股价看跌。而 MACD 指标的 DIF 线以死叉形式出现，意味着价格跌势短期都不可能结束。

形态特征：

1. **RSI指标跌破50线**：当股价创新高以后，由于RSI指标已经与股价背离，指标相对前期回调，并且已经接近了50线。背离以后，RSI指标跌破50线确认了卖点。

2. **DIF线死叉得到确认**：DIF线与股价背离以后，指标高位回调，并且很快就跌破了DEA线，使得看跌死叉形态出现。

3. **股价反转卖点得到确认**：当RSI指标和MACD同步回调的时候，指标提示的价格下跌已经开始。这个时候，如果有反弹出现，可以视为卖掉股票的机会。RSI指标和MACD指标同步回落的时候，股价的下跌趋势会相当明显，投资者应该做好空仓的准备。

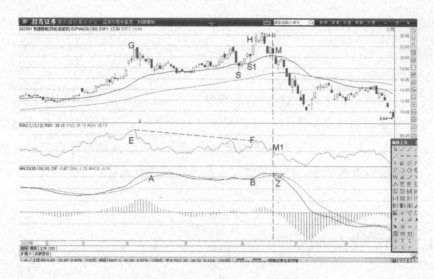

图 5-8　利源精制日 K 线图

操作要领：

1. 从RSI指标跌破50线来看：如图5-8所示，RSI指标在F位置背离，而接下来的一周内，指标已经在跌破50线。

2. 从DIF线死叉得到确认来看：在RSI这边回落期间，MACD指标的DIF线从B位置冲高回落。很快，Z位置的死叉形态也得到确认，股价下跌趋势再没有悬念了。

3. 从股价反转卖点得到确认来看：股价跳空上涨以后冲高回落，阴线形态很快促使股价跌破高位。图中M位置价格在30日均线出现短暂反弹，这个时候指标走坏，一般认为M位置是最后的卖点机会。

总结 ┃ 在RSI指标和MACD指标同时确认的背离卖点中，投资者看中背离那一刻的典型高抛交易机会。没有比背离更能说明股价超买的状态。既然是超买，价格上涨并非庄家操盘所致，而是少量资金在高位买入股票的结果。把握好背离交易时机，不必一次性卖掉所有股票，但是指标反转以后就需要清仓了。只有这样，才不会在局部深度调整中遭受过多损失。

5.5　庄家洗盘期间的 MACD 顶背离

在牛市行情中，股价的上涨时间很长，短期的价格调整很难改变股价上行趋势。特别是在背离形态出现以后，价格虽然短线回调，但是回调不会持续很久。并且，这个时候的成交量显著萎缩，表明庄家并未大量出逃。当股价回调到位以后，价格还是会企稳回升，我们可以把握好低位建仓交易机会，在股价反弹期间盈利。

5.5.1　庄家洗盘背离形态

当股价涨幅较大的时候，庄家拉升股价的阻力增加，股价短线继续上涨的动力不足。这个时候，MACD 指标和股价出现顶背离形态。背离持续时间很长，指标单边回落的过程中，股价维持高位运行的可能性越来越低。

背离后价格虽然还未下跌，但是成交量开始萎缩，一般认为距离股价下跌已经不远。特别是量能显著萎缩至 100 日等量线下方的情况下，股价再无强势的可能。成交量萎缩提示我们股价将要回调，短线的价格下跌不可避免地出现。

形态特征:

1. 股价出现见顶迹象：股价出现顶部迹象以后，价格冲高回落，典型的尖顶反转形态出现。顶部反转走势提示我们价格走弱，更大的顶部正在酝酿当中。

2. 指标与股价高位背离：随着震荡走势的出现，价格在高位区出现了调整的情况。即便在调整的情况下，股价也在其间达到收盘新高。与此同时，MACD指标高位背离回调，意味着抛售压力比较大。股价将很快见顶。

3. 地量底部出现：MACD指标与股价出现高位背离以后，股价出现明显的缩量回调走势。价格回调速度很快，并且成交量短时间内萎缩至地量状态，预示着股价已经跌无可跌，价格低位买点在这个时候出现。

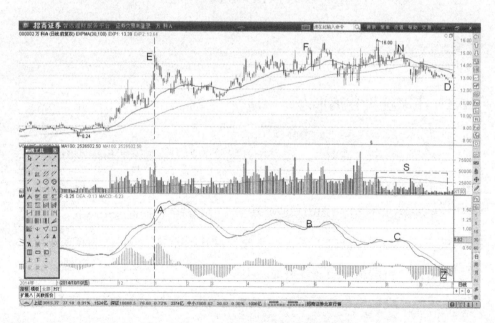

图 5-9　万科 A 日 K 线图

操作要领:

1. 从股价出现见顶迹象来看: 如图5-9所示,股价在E位置放量见顶以后,我们看到股价明显出现调整走势。在成交量没有显著缩量的情况下,该股出现了反弹走势。

2. 从指标与股价高位背离来看: 股价在反弹期间达到F位置的高点,但是MACD指标却已经从A回调至B位置,指标与股价背离形态出现。这表明,价格上涨已经乏力,卖点出现。

3. 从地量底部出现来看: 当我们在F位置卖出股票以后,DIF线继续在C位置见顶,股价在N位置继续出现卖点。图中DIF线达到0轴线下方的Z位置,同时,S位置量能维持地量状态,该股下跌至D位置以后,继续回落的空间已经不多。

> **总结** 在显著的地量量能出现以后,我们认为股价下跌潜力已经不多。特别是在指标长期回落的过程中,DIF线调整到0轴线下方,也为反弹提供了机会。我们认为这期间如果股价出现放量增强的情况,可以看到低位买点机会。

5.5.2 背离后的买点机会

当指标与股价背离回落以后,价格在地量状态下跌幅有限。这个时候,成交量稍有放大就能够推动股价触底回升。因为多空参与股票交易并不活跃,场外资金流入以后,价格将很快进入反弹状态。股价在地量阶段的走势,股价小幅放量并且站稳在 30 日均线上方,这是典型的企稳信号。投资者可以在这个时候介入,以求在股价反弹的过程中获得收益。

形态特征：

1. 股价地量跌破100日均线： 当价格以地量形式回落至100日均线下方以后，股价下跌已经接近尾声。地量出现，价格下跌空间受到抑制。100日均线下方，多空参与股票交易力度不大，技术性反弹有望得到确认。

2. MACD指标触底回升： 从MACD指标的表现来看，指标虽然也跌破0轴线，但是并未单边回落。刚刚跌破0轴线，MACD指标的底部反转就已经开始了。

3. DIF线突破0轴线买点形成： 当DIF线已经回升至0轴线上方的时候，股价买点出现。这个时候，我们开始抄底买入股票，随着成交量的放大，短线波段行情中我们能够获得较好的收益。

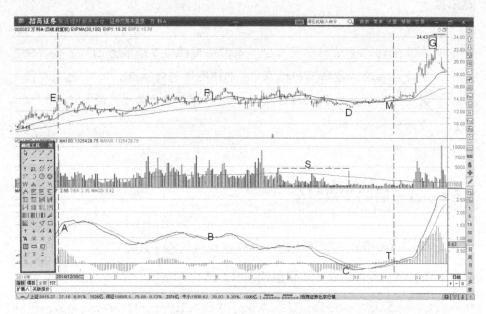

图 5-10　万科 A 日 K 线图

操作要领：

1. 从股价地量跌破100日均线来看： 如图5-10所示，股价在D点位置跌破了100日均线，但是并未继续回落。这期间，S位置成交量达地量状态，价格跌无可跌。

2. 从MACD指标触底回升来看： 我们看到DIF线在C位置触底，这与下跌趋势并不相符。可见，指标走势并不弱势，至少在跌破0轴线以后，投资者能够看到企稳的迹象。

3. 从DIF线突破0轴线买点形成来看： DIF线在T位置有效突破了0轴线，推动股价企稳在M位置的均线上方。股价站稳30日和100日均线，表明价格走势又趋于活跃。

总结 │ 当MACD指标很快企稳以后，我们能够看到价格也同样表现出强势状态。价格从D位置反弹以后，我们持股成本价在M位置的14元附近。股价飙升至G位置的24元，我们可以盈利达71%。

第6章
MACD 的 DIF 线底背离

熊市中，股价下跌速度快，使得技术指标上表现为明显的背离形态。MACD 指标的 DIF 线出现底背离信号，这是股价难以继续回落的表现。如果我们不去关注背离形态，很容易错过反弹以后的盈利机会。DIF 线低位背离越是明显，意味着股价距离反弹回升越近。熊市阶段，股价下跌再创新低的时候，DIF 线背离形态更容易形成。价格再创新低与指标背离同步出现，表明最后一跌的买点出现。

6.1 熊市见底时的 DIF 线底背离

熊市当中，股价以缩量形式大幅度下跌，股价明显出现较大的跌幅。这个时候，抢反弹也能有一些收益，不过价格反弹的高度很难预测。倒不如在指标超卖的情况下买入股票，以便抓住真正的低价买点机会。利用 MACD 指标的 DIF 线背离判断股价触底，是一种非常好的交易形式。如果成交量在股价下跌的过程中达到地量状态，并且股价长期回落后出现背离形态，那么买点就不会有错了。

6.1.1 熊市底部背离

在熊市股价下跌期间，成交量萎缩的趋势始终不会结束。在量能萎缩至地量的情况下，价格可以出现反弹走势。不过真正的底部还需要指标来确认。当 MACD 的 DIF 线与股价出现了底部背离形态以后，一般认为这是比较好的买点机会。价格可以在短时间内跌破前期低点，但是 DIF 线并未创新低，这是非常典型的背离信号。如果股价在熊市中跌幅较大，一般认为背离提供的买点可以成为建仓机会。

通常，指标与股价背离以后，价格不会再出现收盘价新低。至少在股价还未出现强势上涨的情况下，一般认为可以把握好交易机会。

形态特征：

1. **股价在熊市中缩量下跌：** 股价见顶回落以后跌幅较大，价格出现了50%以上的下跌空间。这个时候，投资者买卖股票的热情降至冰点，地量底部出现。

2. **股价再创收盘新低：** 当量能持续萎缩的时候，股价很容易出现阴线下跌的情况。特别是在股价回落至短线低位以后，很多投资者会认为价格能够获得支撑。但是考虑到量能萎缩，价格还是会出现收盘价新低。

3. **DIF线与股价底部背离：** 在股价收盘创新低的那一刻，DIF线运行在高位。指标并未跌破前期低点，这表明股价下跌的力度不强，背离形态提示的买点出现了。

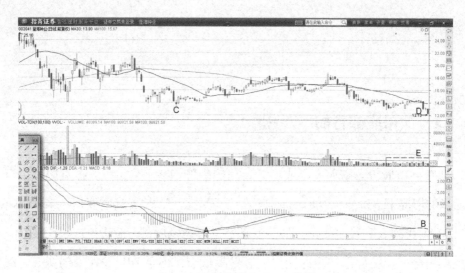

图 6-1　登海种业日 K 线图

操作要领：

1. **从股价在熊市中缩量下跌来看：** 如图6-1所示，股价从高位24元下跌至C位置的14元附近，跌幅接近50%。C位置的价格低位量能很小，该股短线获得支撑后小幅度反弹。

2. **从股价再创收盘新低来看**：当股价冲高回落以后，股价在D位置出现收盘价新低。价格跌破了前期C位置的低点，同时，E位置的成交量也达到地量状态。

3. **从DIF线与股价底部背离来看**：DIF线在B位置没有跌破A位置的低位，表明DIF线与股价明显出现了底部背离。考虑到成交量达地量，量能短线已经没有继续萎缩的可能，买点在这个时候出现。

总结 | 在弱势条件下，量能萎缩和股价下跌的走势让我们看不到价格反弹的迹象。但是指标背离以后，至少股价短线的下跌已经不大可能出现。确认背离买点以后，接下来股价触底回升，我们可以获得收益。

6.1.2　背离买点解读

背离形态出现以后，投资者抄底买入股票。如果股价的确快速反弹，那么价格冲高回落期间，加仓的机会还是有的。在相似的价格低位，投资者不断增加持股数量。随着反弹的延续，成交量维持在放大状态，股价上涨趋势得到确认。

形态特征：

1. **股价出现强势反弹**：强势反弹走势是确认股价背离买点的有效形式，特别是股价放量上涨以后，一般认为是比较典型的反转走势。

2. **价格冲高回落**：股价在价格低位冲高以后，价格上涨出现了停滞，但这只是短线的回调。股价上涨趋势未变，价格回调便是加仓的机会了。

3. **低位买点再次确认**：当成交量结束地量状态以后，股价震荡走强。实际上，成交量推动的上行趋势才刚刚开始，量能回升趋势不变，股价上涨就不会结束。

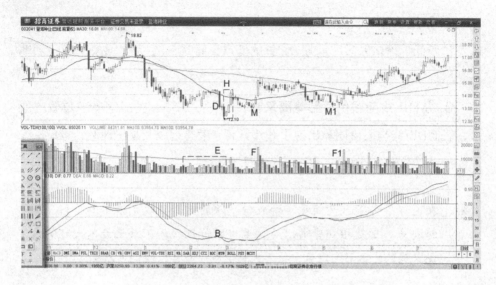

图 6-2　登海种业日 K 线图

操作要领:

1. 从股价出现强势反弹来看: 如图6-2所示,图中H位置的价格反弹明显,是以红三兵形式出现的反弹,一般认为这是价格开始企稳的信号。特别是在背离出现以后,一般认为买点已经形成。

2. 从价格冲高回落来看: 接下来股价冲高回落至M位置低点,量能出现萎缩迹象。不过该股很快在M位置反弹上涨,成交量又一次放大。F位置的量能明显高于首次反弹期间量能,表明股价活跃度显著提升。

3. 从低位买点再次确认来看: 成交量放大趋势延续,股价低位震荡期间,M和M1位置的买点相差不多,投资者有机会在股价扩大涨幅前增加持股数量。

总结 | 低价区M和M1位置的建仓成本为13元附近,而股价放量回升期间价格冲高至17元高位。可见,投资者用背离确认买点以后,波段行情中盈利已经达30%。考虑到背离期间股价接近12元,低价抄底该股期间,盈利空间会更大。

6.2 局部见底的 DIF 线底背离

在股价下跌期间，缩量跌势使得股价重心不断向下移动，价格弱势回落却并不反映在MACD指标上。特别是成交量有放大迹象的时候，股价弱势回调，其实下跌空间已经不大。MACD指标的DIF线与股价背离以后震荡回升。

6.2.1 局部底部背离

成交量并不低，但是股价却没有出现反转走势，只能说庄家在建仓当中。庄家不会在下跌趋势的高位买入股票，却会在下跌期间抄底。即便股价达到新低价位，庄家买入股票的动作依然不会很强。这个时候，MACD指标背离回升可以提示股价下跌到位。如果需要抄底买入股票，增加廉价筹码的数量，那么背离的情况下是不错的交易机会。

形态特征:

1. **股价震荡回落创新低**：量能有放大迹象，下跌期间股价跌势未变。这个时候，收盘价再创新低。从跌幅看，股价并未深度下挫，只是对收盘价的再次向下调整。

2. **MACD指标低位背离**：观察MACD指标的形态，DIF线并未随着股价达到更低位置，说明价格下跌趋势趋缓，指标已经与股价出现底部背离形态。

3. 价格与MACD指标同步企稳：下跌期间观察DIF线，指标由背离转为回升的时候，同期股价不再出现收盘价新低，表明波段行情中的买点机会已经形成。由于股价还未明显回升，相应的价格低位的买点机会依然存在。

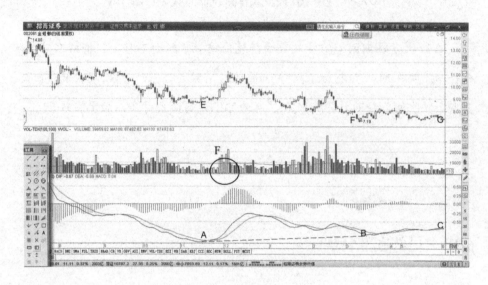

图 6-3 金螳螂日 K 线图

操作要领：

1. 从股价震荡回落创新低来看：如图6-3所示，股价在下跌期间达到E位置的低点，接下来量能在F位置明星出现了放量信号。量能达100日等量线上方，股价活跃度提升，我们认为这个时候股价继续回落空间已经不多。

2. 从MACD指标低位背离来看：当股价继续回落至F位置低点的情况时，观察DIF线可以发现，指标从A反弹至B位置。指标没有出现更大回落，表明背离已经形成。

3. 从价格与MACD指标同步企稳来看：在背离出现以后，接下来股价横盘运行，到C位置的时候，价格并未出现收盘新低。而同期DIF线从B回升至C位置，指标依然维持上行态势，表明低位买点已经出现。

总结　在背离出现以后，股价横盘运行，并未出现明显的回升。但是随着
　　　DIF线继续回升至C位置的高位，指标强势没有改变，这期间可以买
　　　入股票了。指标回升为背离后价格上涨创造了条件。

6.2.2　背离买点解读

　　股价出现底背离以后，价格已经不会出现收盘新低，不过如果股价要企稳上涨，还需要量能有效放大才行。价格低位出现放量上涨的三根阳线形态以后，可以确认为股价开始走强的信号。红三兵形态里股价连续3个交易日上涨，而且成交量连续3个交易日放大，表明投资者开始主动拉升股价，背离底部买点就得到确认了。

形态特征：

　　1. **放量红三兵出现**：量能有效放大以后，股价在放量情况下连续3个交易日上涨。放量红三兵得到确认以后，股价底部的突破信号出现，价格底部也被验证是正确的。

　　2. **量能由地量开始放大**：股价已经在下跌期间出现了地量底部，但是随着量能的放大，股价在放量过程中走强。这个时候，量能不仅摆脱地量状态，而且成交量能够稳定在100日等量线以上，表明有效放量可以推断价格上涨了。

　　3. **价格回升趋势得到确认**：当价格低位的放量反弹走势出现以后，股价表现趋于强势。很显然，在量能维持在100日等量线上方的情况下，价格不会出现明显的回调走势，股价上涨趋势表现强劲。

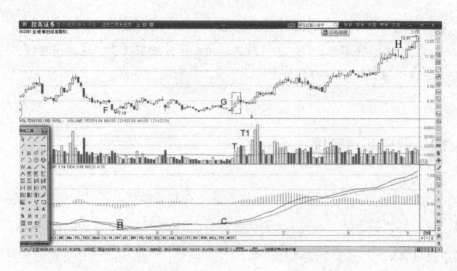

图 6-4 金螳螂日 K 线图

操作要领：

1. 从放量红三兵出现来看：如图6-4所示，图中G位置显示的价格以连续3个交易日上涨的形式完成红三兵形态。图中T和T1位置量能明显放大，成交量达到100日等量线对应量能的3倍，表明该股活跃度显著增强。

2. 从量能由地量开始放大来看：前期股价底部背离期间，成交量已经达到地量状态。而图中T和T1位置的量能明显放大，这是典型的放量企稳信号。

3. 从价格回升趋势得到确认来看：当股价在红三兵形态开始的反弹走势出现后，接下来成交量始终维持在100日等量线上方。可见，背离后该股放量有效，价格从G位置的8元底部开始回升，价格回升到H位置的12元以后，涨幅高达50%。

总结 | 在底部背离形态出现以后，典型的买点机会出现在地量底部被突破的那一刻。当然，投资者不必等待放量才考虑买入股票，而是可以在背离后就确认抄底。量能放大的过程中，投资者增加持股数量可以提高盈利空间。

6.3　MACD 弱势底的底背离

在价格表现不佳的情况下，股价在低位横盘运行，这个时候，MACD 指标的 DIF 线依然维持在 0 轴线下方，但是下跌空间有限。一般认为 DIF 线已经在股价横盘期间开始回升。这个时候，如果股价继续下跌并且持续收盘价新低，那么 DIF 线就会与股价形成底部背离，买点出现在这个时候。

6.3.1　弱势运行的 MACD 底背离

在股价弱势运行期间，价格在低位横盘的时候涨幅有限，多数时间里股价呈现出横盘状态。这个时候，价格还没有真正企稳，但是股价下跌空间已经不大。如果价格跌破了短线低位，那么相应的背离买点就会形成。因为价格走势偏弱，但是指标却不在继续回落。DIF 线在底部首先反弹的时候，买点就会出现了。

形态特征：

1. **股价弱势横盘运行：**当股价横盘运行的时候，价格在横盘期间表现较弱势，股价短线波动很小，并且有持续明显的回升走势。

2. **横盘结束股价收盘创新低：**在横盘的过程中，股价出现了收盘价新低。这个时候，是价格低位买点信号。股价跌破弱势横盘的低价区以后，低位买入股票的投资者被套牢。低价区买盘增加，使得股价下跌后很容易出现反弹。

3. DIF线与股价形成底背离：在股价收盘创新低以后，DIF线已经与股价形成底部背离，这是股价跌无可跌的信号。既然背离形成，一般认为也是买入股票的机会到来了。

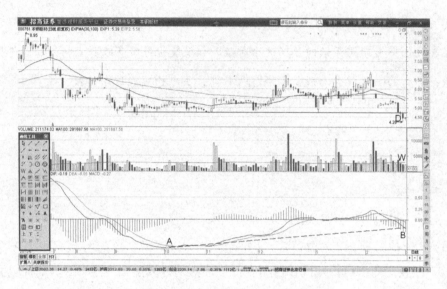

图 6-5 本钢板材日 K 线图

操作要领：

1. 从股价弱势横盘运行来看：如图6-5所示，股价横盘期间走势较弱，该股反弹空间并不大。整体呈现出盘整状态。

2. 从横盘结束股价收盘创新低来看：直到价格出现杀跌走势以后，该股明显回落至D位置的价格低位。D位置相比前期低点已经是收盘价新低了。

3. 从DIF线与股价形成底背离来看：股价达到D位置的低点以后，DIF线从A回升至B位置相对高位。显然，DIF线已经与股价形成了底背离形态。DIF线不在达到新低，表明背离买点得到确认。

总结 | 在股价运行在底部低价区的情况下，筹码也在低价区域集中。这个时候，价格跌破低价区的概率已经很小了。我们认为该股底部买点就出现在价格创新低而背离出现的时候。在背离形态出现以后，该股会出现反弹走势。

6.3.2　背离后的价格表现

在指标与股价底部背离以后，价格已经在低位筹码峰下方。这个时候，持股投资者多数处于套牢状态。考虑到股价弱势中跌幅较大，那么比较典型的技术性反弹出现概率提升。背离以后股价将会开始反弹，价格反弹期间，买点就可以得到确认了。

背离反弹期间，股价可以出现单边回升的走势。由于前期成交量相对放大，股价反弹并不需要太多量能。即便是量能萎缩的情况下，股价上涨走势依然能够出现。

形态特征：

1. **股价出现连续上涨的小阳线形态**：在DIF线与股价出现底部背离以后，价格开始进入反弹状态。股价反弹趋势明显，是以小阳线的形式进入上涨趋势。

2. **DIF线的金叉形态完成**：与价格同步上行的是DIF线。前期已经确认DIF线与股价底部背离，但是DIF线还未企稳。当反弹开始以后，DIF线不久后触底回升并且完成金叉形态，表明股价继续看涨。

3. **指标和价格同步上行**：当DIF线与指标同步回升以后，DIF线回升到0轴线上方，股价上涨趋势无法抑制。价格不仅收复失地，而且会突破前期高位。

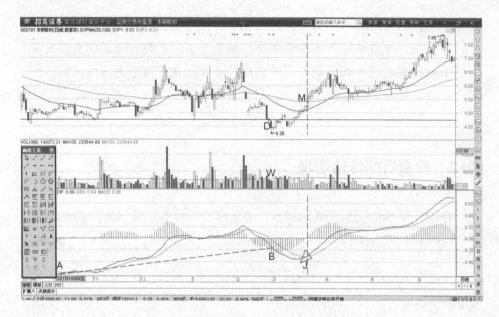

图 6-6　本钢板材日 K 线图

操作要领：

1. 从股价出现连续上涨的小阳线形态来看：如图6-6所示，价格在D位置触底以后开始反弹，股价以连续上涨的小阳线上涨。可见，单边上涨的趋势已经逐步得到确认。

2. 从DIF线的金叉形态完成来看：图中J位置显示的DIF线已经金叉穿越DEA线，这是股价进一步回升的信号。金叉出现以后，股价已经回升至M位置高位，但是价格上涨趋势还未结束，持股依然能够盈利。

3. 从指标和价格同步上行来看：后期DIF线已经处于0轴线上方，这说明均线已经构成了金叉形态，股价继续回升潜力可以得到释放。

总结 | 在价格低位弱势运行期间，我们看到股价虽然跌破短线低位，但是继续回落空间不大。背离提示我们股价已经出现超跌。我们把握好价格底部的买点交易机会，该股从D位置的4.5元飙升至高位7.5元，我们的盈利可达67%。

6.4　RSI 指标与 MACD 同步背离

在股价下跌阶段，我们能够看到 DIF 线与股价底背离的买点。这个时候，MACD 指标不能继续回落，与价格背离便是比较典型的买点信号。如果我们在这个时候看到 RSI 指标与股价也出现了背离，那么两个指标都提示背离，表明价格已经明显触底。MACD 指标的背离说明均线方面已经不再回调，而 RSI 指标背离说明股价下跌的交易日已经比较多，价格出现了见底信号。

6.4.1　指标背离形态解读

在股价下跌期间，由于价格下跌的交易日很多，使得 RSI 指标虽然在 50 线下方运行，但是指标已经不能达到更低的位置。这个时候，指标表现出背离回升的信号，这是股价触底的表现。

从交易日来看，价格频繁出现下跌已经体现出背离。而从指数平滑移动平均线来看，MACD 指标的 DIF 线也已经在触底以后回升。DIF 线在低位的触底成功显示了行情开始逆转的重要信息，是确保在价格低位买入股票成功的信号。DIF 线在 0 轴线下方的回升与股价下跌形成背离，证明短期的均线已经向长期均线靠拢，反弹走势将很快出现。

形态特征：

1. 股价出现单边下跌走势：下跌趋势中，成交量持续萎缩的情况下，我们会看到价格已经处于单边下跌的状态。技术性反弹走势也会出现，但是很难改变股价下跌趋势。

2. 价格以黑三兵形式达收盘价新低：当股价在低价区横盘运行的时候，一次简单的黑三兵下跌形态就能够跌破短线低位。当股价跌破短线低位以后，我们可以通过指标确认价格超跌。

3. RSI指标和MACD指标同步提示背离：RSI指标从低位背离回升，而同时MACD指标也开始触底反弹。两个指标同步提示股价触底。这个时候，指标回升趋势还不够明确，但是股价超跌以后买点已经出现。

图 6-7　天健集团日 K 线图

操作要领：

1. 从股价出现单边下跌走势来看：如图6-7所示，价格出现了单边回落走势以后，该股从高位的15元下跌至E位置的9元附近，跌幅达40%。

2. 从价格以黑三兵形式达收盘价新低来看： 图中F位置的黑三兵形态出现以后，价格跌破了E位置的收盘价低位，这是股价创新低的表现。可见该股走势已经非常弱势，而技术性反弹走势有望在超跌后出现。

3. 从RSI指标和MACD指标同步提示背离来看： 当RSI指标和MACD指标同步出现背离形态的时候，RSI指标从C回升至D，同期MACD指标从A回升至B位置。可见，指标已经与股价底部背离，意味着价格将触底回升。

总结 │ 从RSI指标和MACD指标的表现看，我们看到RSI指标的背离出现时间更早。RSI指标D位置与C位置形成背离，而C位置明显高于前期更低的位置。可见，MACD指标的底背离出现前，RSI指标已经出现两次背离。这意味着，该股触底回升的概率又增加了一些。

6.4.2　背离后的价格表现

典型的背离形态出现的那一刻，股价刚刚跌破前期低位，这个时候的买入机会非常低，投资者应该把握好价格低点的抄底时机。随着反弹的出现，继续买入股票的成本不断提升。如果按照背离即建仓的策略交易，买入股票的成本就不会过高了。

实战当中，由于股价背离后反弹空间有很强的不确定性，只有在更低的价位买入股票，才能够获得更丰厚的收益。价格跌破短线低位，指标与股价背离，黑三兵形态完成期间，买点就已经体现在投资者面前。根据RSI指标和MACD指标与股价底背离确认了底部买点以后，投资者持股便能够获利。

形态特征：

1. 股价出现三连阳线反弹：背离形态出现以后，价格开始反弹，并且以连续3根阳线上涨的形式远离底部价位。

2. RSI指标回升至50线上方：当RSI指标回升至50线上方以后，价格上涨趋势得到支持提供的支撑。价格维持活跃状态，这期间投资者可以继续持有股票。

3. DIF线单边回升：由于选取的MACD指标计算周期不同，价格在熊市中下跌时间较长，DIF线还未回升至0轴线上方，但是指标回升趋势已经出现。这个时候，股价走强的趋势还是会得到延续。

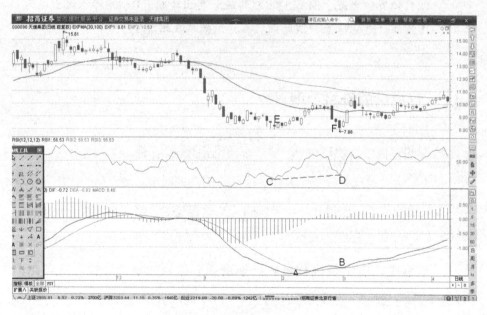

图 6-8　天健集团日 K 线图

操作要领：

1. 从股价出现三连阳线反弹来看：如图6-8所示，股价在F位置触底以后，该股连续3个交易日上涨，红三兵形态得到确认。

2. 从RSI指标回升至50线上方来看：RSI指标在D位置与股价出现底背离，之后指标回升到50线上方。在指标震荡运行期间，指标已经不会跌破50线。

3. 从DIF线单边回升来看：DIF线从B位置触底回升以后，指标完全进入单边回升状态。DIF线不断回升，并且不断接近0轴线。DIF线回升体现了均线方面正在向好，该股已经逐步摆脱了弱势格局。

总结 | 指标背离是价格上涨的重要提示因素，该股在RSI指标和MACD指标同步背离期间，该股已经不再下跌。而重要的是，股价从底部反弹以后，价格从8元回升到10元以上，实现了25%以上涨幅。

第 7 章
MACD 指数背离

　　在指数运行期间，技术指标提供的背离通常会比较准确，并不容易出现假信号。指数的涨跌相对稳定，见顶和触底的信号通常能正确地反映在指标上。从 MACD 指标看，如果该指标提供的背离信号出现，技术性折返的可能性就很高了。指数的日 K 线图出现背离形态，是行情开始逆转的信号。前期价格单边波动空间很大，那么背离应该视为反向交易的时机。

7.1　指数 MACD 柱状线背离

当我们使用 MACD 指标判断指数背离的时候，我们会发现，背离一旦形成，相应的交易机会将非常典型，指数的确会出现明确的反转走势。我们不仅确认了指数的反转，更重要的是，据此判断个股反转前的重要交易机会。因为我们知道，但凡大的行情持续前，指数总会表现出非常典型的反转特征。一旦指数反转，多数个股会出现调整走势。这样一来，我们确保在指数背离反转之前采取行动，那么就能够达到最佳的交易效果。

7.1.1　MACD 柱状线高位背离

牛市行情中，指数上涨潜力总会非常惊人，但是牛市不可能没有顶，而顶部出现前我们通过背离判断反转。MACD 指标的柱状线背离可以提示反转出现的信号。柱状线背离以后，表明 DIF 线回升潜力降低，均线方面将出现反转信号。

实际上，MACD 柱状线从高位回落期间，这是 DIF 线反转的信号，同时预示着均线的发散趋势将逆转。当 MACD 柱状线高位背离的时候，指数方面也会出现一些明显的调整迹象。

形态特征：

1. 指数经历牛市行情：指数经历牛市行情以后，涨幅会翻一倍。这个时候，个股估值已经足够高，抛售压力增加的过程中，指数会出现见顶迹象。

2. 高位区指数出现调整：指数从高位区回调的过程中，见顶迹象就会出现。这个时候，把握好价格高位的交易机会非常重要，而高位卖点的出现，正是伴随着指标背离才开始的。

3. MACD柱状线高位背离：MACD指标在指数出现调整信号不久开始背离回调，这是指数见顶初期信号。如果指数突破短线高位以后并未回落，并且持续多个交易日维持在高位运行，那么投资者就要小心应对了。这期间，很可能是资金主力出逃的最后阶段。而MACD柱状线背离回调，意味着DIF线的回升趋势持续减弱迹象，反映了均线方面正在变坏。而均线变坏则是指数滞涨导致的结果。

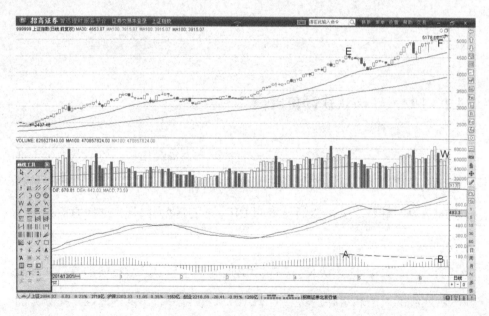

图 7-1　上证指数日 K 线图

操作要领：

1. 从指数经历牛市行情来看：如图7-1所示，指数进入回升趋势以后，从起始点2500点开始飙升，到接近5000点的时候，涨幅已经达到翻倍。指数尚且如此，个股中翻几倍的股票更是数不胜数。指数涨幅较大，一般认为有必要关注顶部信号了。

2. 从高位区指数出现调整来看：当指数在E位置见顶4500点的时候，指数出现了明显回调走势。指数以3根阴线下跌，这是典型的看跌信号。接下来指数继续挑战5000点的时候，K线形态表现为长下影线，调整力度正在增加。

3. 从MACD柱状线高位背离来看：指数挑战5000点的时候，MACD指标从A回调至B位置，表明柱状线已经与股价高位背离。其间指数回升到F位置，而量能在W位置出现萎缩迹象，都提醒投资者指数见顶。

总结 | 在指数飙升期间，上证指数最高达到5170点高位。这个点位虽然很高，但是MACD指标柱状线背离已经是明确的顶部信号。不同于个股的是，指数出现背离顶部，那么个股见顶的概率就很大了。指数背离后，相应的下跌很可能马上就会出现。背离期间指数已经从4500点回升到5000点上方，这表明资金主力有足够的时间完成诱多出货动作。普通投资者采取减仓措施还不晚，至少在指数下跌前大量卖掉股票，就不会有太多持股风险。

7.1.2　背离卖点解析

指数出现顶背离形态以后，见顶信号就已经得到确认。这个时候，成交量会继续萎缩，而指数回落趋势已经出现。随着量能萎缩并且达到 100 日等量线下方，指数下跌趋势不会有缓解的迹象出现。与个股高位背离相似的是，指数高位背离以后也会出现反弹走势，但是反弹强度不大，指数回落趋势是主要的运行方向。

指数进入下跌趋势以后，指数每次下跌 1%，个股跌幅可以达 3%，甚至更多。事实上，投资者关注指数顶部反转走势，都是为了顺利逃顶。指数在牛市见顶，表明个股的顶部也将来临，把握好指数定可以顺利卖掉股票。这样，获得更高收益的同时，也大幅降低了持股风险。

形态特征：

1. 指数出现宽幅震荡：指数点位比较高的时候，背离提示回升已经无法延续。即便收盘还未出现大幅下跌，但是盘库指数波动加大，促使指数以更快的速度反转。关注指数异动，我们能够发现顶部特征。

2. 量能跌破100日等量线：成交量明显跌破了100日等量线，指数短期的弱势表现显然是不会结束的。伴随着量能萎缩，指数跌幅快速扩大，反转得到进一步确认。

3. 指数开始单边下跌：顶部出现的过程中，MACD指标柱状线从背离到跌破0轴线，指数下跌不断得到确认。指数的下跌不会结束，下跌过程中，指数会加速跌破重要的30日和100日均线。

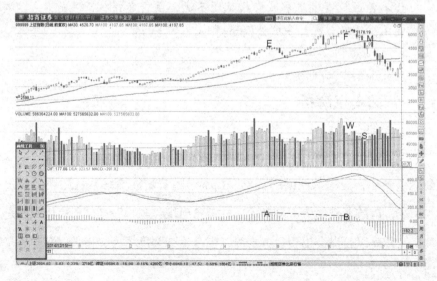

图 7-2　上证指数日 K 线图

操作要领：

1. **从指数出现宽幅震荡来看：** 如图7-2所示，指数在高位反弹期间，K线出现比较长的下影线，指数涨幅收窄。这是比较典型的见顶形态。

2. **从量能跌破100日等量线来看：** 成交量在S位置跌破了100日等量线，意味着指数已经进入下跌状态。量能萎缩以后，个股也会同步出现缩量，表明下跌期间交易出现了不活跃的表现。

3. **从指数开始单边下跌来看：** 量能萎缩至S位置以后，MACD指标的柱状线已经在0轴线下方扩大跌幅。指标不断走坏，指数也在单边下跌。M位置的指数反弹期间涨幅非常有限，下跌趋势由此得到确认。

总结 | 在MACD指标的柱状线提示指数背离以后，指数在1个月时间里从5000点上方迅速回调至3500点附近，跌幅高达30%。如果是个股的话，这段时间里跌幅会远超过30%，个股跌幅到50%都会非常常见。可见，背离提示的指数顶部不容忽视。如果想要尽可能地多获利，那么选择指数背离的情况下卖掉股票，是最有效的应对措施。

7.2 指数 DIF 线底背离

熊市中，指数下跌空间较大，技术指标已经与指数出现底部背离形态，那么反弹走势很容易出现在背离以后。实战当中，指数在熊市中虽然已经走弱，但是多空之间争夺不会结束。只有点位够低，指数累计跌幅也非常大，那么背离就能够提示我们抄底机会了。如果投资者成功在 MACD 指标和指数底部背离的时候买入个股，就有望获得熊市中第一次丰厚收益。

7.2.1 DIF 线低位背离

指数在缩量状态下的下跌潜力很大，特别是下跌趋势得到确认以后，投资者买入股票的信息不足，使得指数不断向低价区移动。如果指数在某一刻跌破了前期低点，一般认为这是很正常的情况。指数在缩量状态下不断走低的时候，指标方面表现出背离选题。特别是 MACD 指标的 DIF 线背离回升以后，这是指数超跌的表现。同时，投资者应该把握好背离提供的买点交易机会。在指数进入反弹前买入超跌个股，有望获得不错的收益。

形态特征：

1. **指数收盘创新低**：指数进入下跌趋势以后，首次大幅下跌后的反弹不会是背离出现的位置。指数不断下跌并且达到新低的过程中，如果指数继续出现新低，那么指标和指数就会出现底背离的情况。随着底部背离的确认，反弹买点已经出现。下跌趋势中，背离提供的买点不一定是大幅盈利的机会。但是指数下跌超买以后，反弹空间会比较大了，个股中的交易机会还是比较多的。

2. MACD柱状线与指数底背离： MACD柱状线不再出现新低的情况下，指标的触底信号出现。柱状线首先见底的情况下，DIF线下跌趋缓，接下来DIF线的背离也将会出现。

3. DIF线与指数底背离： MACD指标的DIF线与股价出现了底背离，这是非常典型的触底信号，是柱状线背离以后又一个背离形态。与柱状线背离不同的是，MACD指标的DIF线背离提示我们均线向下发散趋势得到抑制，股价企稳信号出现。如果我们根据柱状线背离买入股票，接下来指数反弹，投资者就很容易在个股中获得收益。

图 7-3　上证指数日 K 线图

操作要领：

1. 从指数收盘创新低来看： 如图7-3所示，上证指数进入下跌趋势以后，我们看到指数在E位置达到收盘点位新低，这并非是下跌期间的首个点位底部。前期指数已经出现了暴跌反弹的情况。而E位置的点位以后，指数回调趋势并没有真正结束。接下来指数反弹结束后继续回落，图中显示的F位置指数再创收盘新低。

2. 从MACD柱状线与指数底背离来看：股价达到E位置前，D位置的柱状线明显要低于C位置的柱状线，这是典型的背离形态。MACD指标的柱状线背离完成以后，相应的DIF线回落趋缓，指数底部正在形成。

3. 从DIF线与指数底背离来看：当指数回落至E位置的低点以后，DIF线达到B位置的低点，这与前期更低的A位置形成背离。DIF线不再出现新低以后，指标背离提示的均线发散结束，指数将在短期开始反弹上涨。

| 总结 | 在上证指数下跌过程中，我们看到指数下跌至F位置的时候，已经是指数第三次创新低。这个时候，MACD指标首先开始背离，意味着价格下跌已经不再那么强势。背离提示我们可以抄底个股了。至少从反弹的角度看，指数触底回升期间机会大幅增加，个股中能够强势反弹的个股更不在少数。 |

7.2.2 背离买点解析

在 DIF 线与指数背离的时候，投资者就可以考虑买入个股了。不管指数是否出现了反弹走势，背离就已经提醒投资者买入个股的交易机会。从背离开始，指数已经处于超卖状态了。在超卖阶段买入个股，从持股成本来看，通常已经是最低价位。当然，不排除有些个股会出现收盘新低。但是在指数出现底背离以后，多数个股也就开始触底回升。

熊市阶段，指数出现底背离以后，技术性会使得指数出现一定的涨幅。对于个股而已，指数每上涨 1%，都是投资者盈利的机会。当然，指数反弹空间明显会超过 1%，而个股涨幅通常能达到指数涨幅的 2 到 3 倍。那么，这就值得抄底个股盈利了。

形态特征：

1. **DIF线背离后指数反弹**：从DIF线背离的那一刻起，指数就开始进入反弹状态。从指数下跌期间的最低点位来看，DIF线背离期间指数点位最低。随着反弹的开始，指数上涨的趋势可以得到确认。投资者再要买入个股的话，相应的持股价位要高一些。

2. **指数回调买点再次出现**：指数回调的过程中，个股低位买点再次得到确认。背离反弹以后，指数已经不再出现更低收盘点位，同样个股也不会再出现收盘新低。如果采取买入措施，在指数二次调整期间建仓，那么将是比较有效的交易机会。

3. **DIF线与指数同步回升**：MACD指标与指数背离以后，其结果是不仅DIF线会触底回升，而且指数也会出现回升走势。背离后，DIF线与指数向着不背离的方向发展，两者同步回升表明指数走势正在向好的方面运行。

图 7-4　上证指数日 K 线图

操作要领：

1. **从DIF线背离后指数反弹来看**：如图7-4所示，D位置的柱状线背离出现以后，指数已经反弹至F位置。而B位置的DIF线真实触底的时候，指数从F位置继续回升。通过柱状线和DIF线与股价底部背离就能够发现低位买入的交易机会。

2. **从指数回调买点再次出现来看**：DIF线在B位置触底以后，指标在0轴线下方走强。这个时候，指数反弹回调至M位置低点，这也是买入个股的机会。由于指数回调，个股也会出现类似的调整，投资者又多了一次增加持股数量的选择。

3. **从DIF线与指数同步回升来看**：DIF线在B位置触底回升，之后指标在L位置分别两次穿越DEA线，确认了指标回升的趋势。虽然在0轴线下方出现了DIF线的金叉形态，但是该形态提示的回升信号非常显著，使得投资者相信指数与MACD指标同步回升。其间指数从背离后的低位2627点飙升至3078点，涨幅已达17%。

总结 ｜ 在指数出现底部背离形态以后，上涨高达17%，而个股涨幅可以达到指数涨幅的3倍以上，那么涨幅超过50%的个股不在少数。从交易机会来讲，多数个股能够实现相当于指数涨幅两倍的反弹空间，也就是上涨34%。那么利用背离确认的交易过程中，盈利还是不错的。

7.3 指数 DIF 线多底背离

在熊市行情中，指数在下跌期间出现的背离可以是多次。背离次数越多，指数触底的可能性越高。熊市行情中，根据 MACD 指标 DIF 线与股价底部背离确认反转走势的买点机会，考虑在指数还未上涨的时候就开始买进个股。一旦背离消失，指数进入稳步回升阶段，相应的盈利空间会比较大。

MACD 指标与指数之间的背离可以是长期的，但是背离总是会消失。使用计算周期为（30，100，10）的 MACD 指标判断背离和反转走势，能够发现背离次数通常不会超过两次。经过两次典型的背离选题以后，指数便会出现触底信号，个股买点也在这个时候出现。

7.3.1 DIF 线多底背离

在熊市中，指数的下跌可以是一波三折的。宽幅震荡总会存在，但是指数下跌时间越长，短期反弹空间也会更小。如果判断指数已经持续回落，并且波动空间不断收窄，这个时候的 DIF 线很容易与指数底背离。底背离出现以后，指数的下跌趋势趋缓。如果投资者用 DIF 线和指数的背离形态判断买点。那么第二次背离以后，就可以确认个股的抄底机会了。

当然，熊市行情中 MACD 指标首次与指数出现底部背离，那也是比较好的买点机会。只是从持股时间来看，第一次背离还不足以改变显著的下跌走势。而个股会与指数同步反弹，但是反弹空间受到抑制。

形态特征：

1. 指数进入熊市阶段： 指数进入熊市下跌阶段以后，量能萎缩的下跌趋势不断得到延续。即便出现反弹的情况，持续时间也会受到限制。这个时候，交易机会正逐步减小。随着指数跌幅扩大，长期下跌期间的反弹空间越来越小。与此同时，指数下跌期间的指标背离就会不断出现。

2. 首次背离出现： 指数回落期间，首次背离出现在指数跌破前期低位以后。熊市阶段，指数的下跌并不是一蹴而就，而是在阴跌中完成的。那么，如果指数已经跌破了前期低位，那么阴跌期间的MACD指标会与指数出现首次背离，提示投资者短线买点形成。

3. 指数再次探底的背离出现： 既然指数处于阴跌状态，那么指数下跌的空间将非常大。并且，指数下跌时间是比较长的，熊市买入股票还需根据背离确认指数触底。指数阴跌期间再创收盘新低，这个时候，MACD指标的DIF线继续处于高位，两者之间形成二次背离形态。第二次背离以后，指数触底概率大增，即便指数短期还未上涨，但是收盘达新低的可能性很小，买入个股的交易机会不断出现。

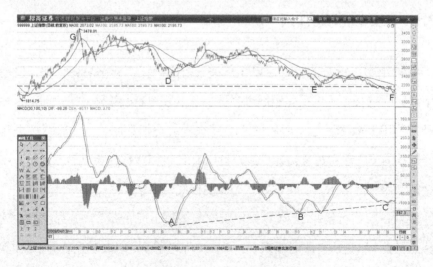

图 7-5　上证指数日 K 线图

操作要领：

1．从指数进入熊市阶段来看： 如图7-5所示，指数在G位置见顶3478点以后，下跌趋势就已经开始。在指数回落期间，D位置是一个非常典型的底部。在指数达到D位置的时候，MACD指标的DIF线回落至A位置的低点。

2．从首次背离出现来看： 指数从D位置反弹以后，上证指数经历了冲高回落的漫长回调走势。在此阶段，指数熊市中长时间弱势调整，并且在E位置跌破了D位置的底部最低收盘点位。同时，DIF线只是回调至B位置的低点，这明显要高于前期A位置的深度回落底部。

3．从指数再次探底的背离出现来看： 指数从D到E位置的底部经历了漫长的18个月。而指数弱势反弹结束以后，从E位置低点到F位置的底部，再次经历了长达12个月的时间。F位置与E位置收盘点位相差不多，但是F位置要低于E位置的底部。与此同时，MACD指标的DIF线依然延续回升趋势，DIF线回升至C位置的相对高位。

总结 | 在指数下跌期间持续时间很长，即便是从D到F位置的底部，也持续长达30个月。漫长跌势中，指数并非疯狂杀跌，而是在弱势调整期间不断回落，使得MACD指标逆势背离。DIF线与指数流出现第二次底背离的时候，我们认为指数已经下跌到位了。从获取短线收益的角度看，我们已经可以抄底个股盈利。

7.3.2　多底背离后买点分析

指数在熊市期间的下跌潜力很大，通常能够确认的底部可能并非真正的底部。即便是在MACD指标与股价出现两次底背离的情况下，依然要关注指数的弱势表现。如果说指数两次底部背离后依然收盘达到新低，也不必恐慌。

在指数达新低的时候，背离依然存在，这是低价买入个股的交易机会。指数在熊市中的最后一跌往往带给投资者深刻记忆，因为这期间的下跌已经远远超过投资者的忍耐限度，但是指数依然创新低。不在牛市顶部买入股票，却可以在熊市底部抄底。特别是背离连续两次以上出现的时候，越跌越买，投资者能够获得低廉的成本价筹码。

形态特征：

1. **指数再创收盘新低**：从收盘点位来看，指数再创收盘点位新低的情况下，一般认为指数下跌已经非常到位。至少从下跌空间来看，我们看到了新的收盘点位。

2. **MACD指标依然与指数底背离**：从MACD指标走势看，指标的DIF线回升趋势依然延续，但是这与指数的底部背离依然存在。那么问题来了，再次出现第三次底背离的情况下，我们持股仓位可以进一步提升。

3. **指数和MACD指标出现同步突破**：当指数收盘达到新低以后，反弹的速度加快，指数不会在更低的点位长时间徘徊，而是出现了比较明显的反弹，这是指数下跌到位的信号。

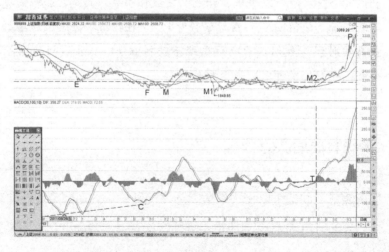

图 7-6 上证指数日 K 线图

操作要领：

1. **从指数再创收盘新低来看**：如图7-6所示，指数下跌期间在M位置达到收盘新低以后，技术性反弹走势很快出现。而之后的M1位置再次出现收盘点位新低，指数已经在触底回升后企稳。可见，背离期间指数已经跌无可跌。

2. **从MACD指标依然与指数底背离来看**：M位置和M1位置的最新点位出现的时候，指数下跌空间已经非常有限。指数从M和M1位置明显反弹上涨，接下来指数已经开始稳定下来。并且从M1位置开始长达一年时间里，指数都没有出现收盘新低。

3. **从指数和MACD指标出现同步突破来看**：横盘运行结束以后，MACD指标在T位置突破了0轴线，指数也在M2位置向上突破，进入稳步回升阶段。从M位置开始，指数加速上涨到P位置的3300点以上，涨幅高达65%。

总结 | 在熊市阶段，我们利用MACD指标与指数多次背离买入了个股。随着背离次数增多，我们买入个股的数量也在增加。当背离消失以后，我们获取了足够多的廉价筹码。指数很快进入牛市中，我们获得的收益将远高于指数65%的涨幅。

第 8 章
MACD 背离与
筹码主峰形态的综合运用

从价格跌破筹码的角度看，股价在高位见顶期间，会在短时间内跌破筹码主峰，使得高位持股的投资者很快陷入亏损状态。这个时候，也是 MACD 指标确认背离卖点的时刻。通常，MACD 指标的背离形态出现以后，投资者再根据价格跌破筹码主峰来确认价格反转的卖点时机。当然，类似的情况不仅出现在高位指标背离期间，同时也出现在低位指标背离期间。低位指标背离和价格突破筹码峰的信号出现以后，可以考虑买入股票。

8.1 MACD 指标顶背离与高浮筹筹码顶

当股价上涨空间较大的时候，股价大幅上涨与 MACD 指标的相对回落形成顶背离形态。顶背离形态出现以后，意味着指数继续回升空间已经不大了。与背离同步出现的是筹码主峰形态。价格最高位置出现了筹码主峰，我们认为投资者的持股成本已经大部分转移到了价格高位。背离选题提示我们股价很难脱离筹码主峰上涨，那么股价下跌期间，跌破筹码主峰的过程便是下跌趋势加速的信号了。

8.1.1 高浮筹阶段 MACD 背离形态

从 MACD 指标来看，确认 DIF 线与股价出现顶背离并不困难。而如果从浮筹指标 ASR 来看，该指标达到短线高位的过程中，便是价格进入高浮筹顶部区域的信号。既然是高浮筹区域，那么同时也是筹码峰区域。筹码形态上看，高浮筹的价格高位，筹码已经完成了单一的筹码峰形态。股价脱离高浮筹的筹码主峰比较困难，因为 MACD 指标已经与股价高位背离。如果背离推动的价格回落至筹码峰下限，那么套牢盘会非常大，这必将成为股价加速下跌的导火索。

可见，确认 MACD 指标与股价顶背离以后，筹码主峰形态出现，这进一步提示价格高位反转已经到来。

形态特征：

1. 股价收盘新高与DIF线背离：股价在价格高位创新高，这个时候，价格不断空间增加。实际上，投资者已经能够从DIF线的弱势表现发现背离信号。DIF线反弹并未达到前期高位，使得投资者相信MACD指标已经与股价出现顶部背离。

2. 浮筹指标ASR达短线高位：浮筹指标ASR反弹至短线高位，表明价格已经进入多空持股比较多的筹码密集分布区。这个时候，抛售压力较大，考虑到已经出现的背离形态，股价继续上涨的概率明显降低。

3. 筹码主峰形态出现：筹码主峰形态出现以后，价格高位投资者之间筹码换手速度很快，使得新进入的高位持股投资者成为主力军。高位追涨买入股票，但是股价上涨潜力明显减弱。这个时候，背离形态出现。

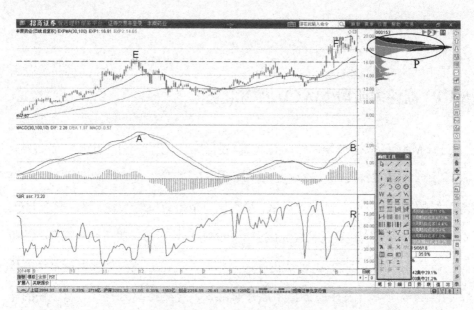

图 8-1　丰原药业日 K 线图

操作要领：

1. 从股价收盘新高与DIF线背离来看：如图8-1所示，股价收盘突破了前期E位置的高位，达到F位置的新高价位。股价在短时间内回调至前期高位E对应的价位，但是并未见顶回落。

2. 从浮筹指标ASR达短线高位来看： 浮筹指标震荡回升至R位置高位，数值达到70以上，表明股价已经进入了高浮筹区域。这个时候，多空之间争夺会更加激烈。

3. 从筹码主峰形态出现来看： P位置的筹码主峰规模很大，表明投资者的持股成本向价格高位转移。股价已经进入筹码密集分布的价格区间。由于筹码是由投资者追涨买入股票形成，成本更加靠近历史高位，因此该股的抛售压力增加。在指标背离的情况下，该股短线已经进入顶部反转区域。

总结 | MACD指标与股价出现顶背离，筹码主峰的出现，成为推动价格反转的又一个重要因素。因为背离提示我们股价上涨乏力，如果股价短线回落，势必要跌破筹码主峰，这样接下来的套牢盘必然会大增，价格下跌走势将很快出现。

8.1.2　背离后的高抛机会

在 MACD 指标与股价高位背离以后，确认高抛卖点可以分步骤进行。背离首先提示了价格反转，可以首次卖掉一部分高抛。当股价高位回调期间，由于筹码在价格高位密集分布，即便价格跌幅有限，也会轻易跌破筹码主峰。这个时候，一般认为股价跌破筹码主峰便是下跌趋势加速的信号了。伴随着筹码主峰被跌破，投资者对后市看法将很快改变，套牢盘增加的过程中，抛售压力大幅增加，使得股价快速进入持续下跌阶段。

形态特征：

1. 股价出现高位黑三兵形态： 当DIF线与股价明显形成背离以后，一般认为价格已经要开始下跌了。黑三兵K线形态出现，使得股价完成了连续3个交易日的引线下跌走势。这个时候，确认价格反转更进一步。

2. 价格跌破筹码主峰：黑三兵K线形态跌幅不会很大，但是却跌破了筹码主峰对应的价格高位。这个时候，下跌趋势随着股价跌破筹码峰很快开始加速，价格在跌破筹码主峰后加速下跌。

3. 高抛卖点进一步兑现：从价格跌破筹码峰的卖点来看，并不能看到更高的反弹卖点。价格既然跌破筹码主峰，那么反弹阻力就会非常大了。股价很难反弹使得多数投资者二次获利。股价更容易在触底回升期间再创下跌，并且进入单边回落的跌势当中。那么这个时候，投资者应该抓紧时间出货才行。

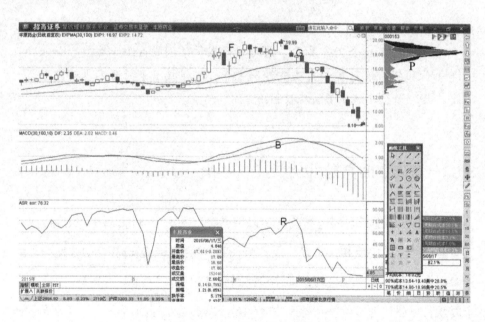

图 8-2　丰原药业日 K 线图

操作要领：

1. 从股价出现高位黑三兵形态来看：如图8-2所示，高位背离以后，股价在G位置出现了连续3个交易日下跌阴线，这是黑三兵反转形态出现的信号。黑三兵出现在价格顶部，意味着回升趋势已经进入反转阶段，股价距离加速下跌一步之遥。

2. 从价格跌破筹码主峰来看：黑三兵形态中股价跌幅不大，但是却已经跌破了P位置的筹码主峰。这个时候，筹码获利率接近40%，多数投资者已经处于亏损状态，该股由看涨转为全面看跌。

3. 从高抛卖点进一步兑现来看：G位置的黑三兵形态出现以后，价格反弹空间非常有限，留给投资者的减仓机会并不多。如果要减少下跌期间的损失，必须要做好低价出货的准备才行。不然的话，随着股价跌幅扩大，损失会更大。

总结 | 在背离和价格跌破筹码主峰的过程中，价格高位的抛售机会不断成为现实。随着股价反转走势的到来，价格下跌其实是很快的。如果不去关注价格出现的反转走势，很可能就错过了最佳交易机会。该股的暴跌行情就很能说明问题。自从价格高位出现了黑三兵形态以后，下跌期间该股连续跌停，两周内的跌幅已经超过50%。

8.2　MACD 指标底背离与低浮筹筹码底

在股价下跌阶段，我们会看到价格下跌至收盘新低期间，MACD 指标与股价出现底部背离形态。与背离形态同步形成的，还有股价跌破筹码峰下限的形态。筹码峰下限，是低浮筹的价位。股价下跌至低浮筹的筹码峰下限，表明多数持股投资者都已经处于亏损状态。如果这种情况延续下来，显然会出现反弹走势。一旦反弹，持股投资者很快获得收益，使得背离反弹的行情得到延续。

8.2.1　低浮筹阶段 MACD 底背离形态

股价回落期间，价格不仅仅是下跌，而且在下跌途中跌破了持股投资者的成本价。从筹码形态上看，股价下跌至筹码峰下限以后，便是超跌的反映了。价格达筹码峰下限，意味着行情持股投资者的成本价被跌破，这期间的任何反弹都将成为持股投资者的减仓机会。不过价格达筹码峰下限，意味着持股投资者全部套牢，抛售以割肉盘为主，多数投资者已经不再卖掉股票，使得股价触底概率大增。

与此同时，MACD 指标已经与下跌的股价形成底部背离，这是典型的触底信号。随着 MACD 指标在底部率先企稳，股价也将出现回升走势。这个时候，投资者确保买入足够多的股票，能够在价格回升期间获得收益。

形态特征:

1. 价格跌破前期低位: 从收盘价创新低来看,如果股价能够以收盘价跌破价格低点,那么这是比较有效的突破信号。结合股价单边下跌的事实,一般认为股价继续下跌的空间会受到抑制。特别是背离出现的时候,更是如此。

2. 浮筹指标触底: 浮筹指标在股价收盘创新低期间跌至底部5以下的时候,表明价格已经处于非常低的浮筹价格区间。价格跌破了筹码峰,使得套牢盘大幅增加。考虑到股价早已经出现了明显回落,股价在低价区继续跌破筹码峰的时候,意味着价格已经下跌到位。

3. MACD指标出现底背离: 在股价收盘价达到新低的那一刻,MACD指标的DIF线也出现回调,但是指标并没有低于前期低点,这提醒投资者DIF线已经与股价出现了底部背离形态。底背离的结果是,股价下跌已经到位,相应的抄底交易机会已经出现。

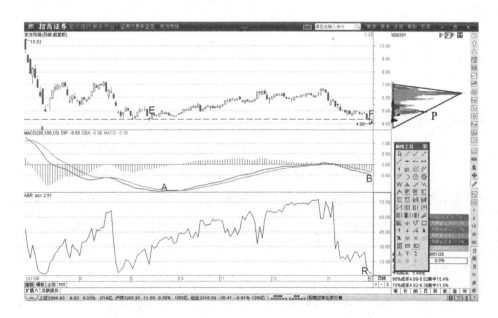

图 8-3 东方市场日 K 线图

操作要领：

1. 从价格跌破前期低位来看：如图8-3所示，股价已经在F位置跌破前期E位置的收盘价，这是股价超跌的表现。虽然收盘价首次跌破前期低位，但是买点不容错过。

2. 从浮筹指标触底来看：股价达到F位置的收盘价格新低以后，图中R位置显示的浮筹指标深度回调至底部区域。指标回调空间较大，使得继续下跌的空间已经很少。浮筹指标ASR最低不会小于0，数值达2.51的情况下，股价已经明显处于筹码峰下方。

3. 从MACD指标出现底背离来看：股价创新低的情况下，MACD指标的DIF线回调至B位置的低点。DIF线调整空间并不大，B位置明显要高于前期A位置，这是背离提示的买点信号。

总结 | 在DIF线与股价底部背离的情况下，我们看到价格已经远离筹码主峰，很显然股价有反弹的需要。背离推动的反弹已经可以出现，而价格在筹码峰下限，反弹可以看高到筹码峰上限位置。

8.2.2　背离后的买点机会

从最佳买点来看，股价跌破前期低点的那一刻便是理想的抄底机会。因为价格跌破前期低点，背离形态就得到确认。这个时候，价格下跌到位，股价在筹码峰下限的反弹需求较强。买入股票越及时，短线就能够更好地盈利。

形态特征：

1. 首次下跌背离确认买点：股价弱势下跌期间，价格即将跌破前期收盘低点的时候，MACD指标的DIF线处于相对高位。即便价格跌破前期低点，DIF线也会与股价背离。这个时候，投资者可以在股价首次达到新低收盘的时候买入股票，这样获得的筹码更加低廉。

2. 股价反弹回调再次加仓：当股价反弹后出现回调走势的时候，股价涨幅还比较小，如果这个时候价格出现大阴线下跌，一般视为抄底的交易机会。股价不会继续下挫，使得买入股票的机会很快就出现。

图 8-4　东方市场日 K 线图

操作要领：

1. 从首次下跌背离确认买点来看：如图8-4所示，B位置的DIF线与股价背离确认的买点。图中F位置的买点是波段下跌期间的真实底部。相比较其他价位，这个价位的买点更低，持股后更容易盈利。

2. 从股价反弹回调再次加仓来看：经历了背离以后，股价从F位置开始反弹，反弹以后价格冲个回落，并且在M位置再次出现价格低点的买入机会。如果我们在M位置买入该股，价格还是比较低的，这个价位接近F位置的收盘低点。接下来股价继续回升期间，价格短线上涨到G位置的4.9元，该股从F位置反弹了18%。

总结 | 价格反弹了18%，涨幅不高，但是浮筹指标ASR已经回升至R1位置的
高位。这个时候，价格进入筹码峰所在的筹码密集分区。股价反弹
短线出现阻力。实战当中，该股这样背离后反弹不强的情况经常会
出现。这是因为，熊市中股价长时间弱势下跌的过程中，投资者交
易热情不高。即便在背离的情况下，反弹也需要时间来兑现。

8.3 MACD 弱势背离与高浮筹筹码顶

当股价持续回升的时候，如果价格并未出现加速上涨的情况，但是MACD 指标与股价出现了顶背离形态，一般认为这是弱势背离后的反转信号。股价的回升趋势并不强势，同时 MACD 指标已经出现背离回调。结合浮筹指标，如果指标已经处于高浮筹的价格区间，那么抛售压力增加，股价见顶的概率就比较高了。

8.3.1 MACD 弱势背离的高浮筹顶部

在MACD指标弱势背离期间，价格上涨出现了见顶的迹象。股价上涨乏力，同时 MACD 指标的 DIF 线开始从高位回调，这表明价格的上涨受到了抑制。按照典型的背离交易思路，投资者需要在股价还未下跌的时候卖掉股票。通过观察浮筹指标，背离的同时投资者确认股价已经达到高浮筹的价格区域。这个时候，抛售压力大大增加，相应的高抛交易机会也会得到确认。

形态特征：

1. **股价弱势创新高**：股价弱势回升阶段，价格上涨幅度虽然不大，但是收盘价很容易达到新的高位。这个时候，弱势回升的顶部就会出现。投资者可根据指标表现确认弱势顶部的抛售机会。

2. **MACD指标与股价高位背离**：如果MACD指标与股价高位背离，并且

DIF线显著回落，一般认为这是弱势背离的应有表现。价格弱势上涨阶段，DIF线不能与股价同步回升，但是也没有明显回调。这个时候，DIF线与股价弱势背离，同样提示我们高抛交易机会。

3. 浮筹指标ASR快速回落： 浮筹指标ASR快速回落期间，表明股价短线上涨空间虽然不大，却脱离了高浮筹价格区域。考虑到背离的出现，一般认为这是假突破信号。股价上涨潜力不高，背离提示股价随时可能下跌至高浮筹的价格区域，而相应的下跌走势便会出现。

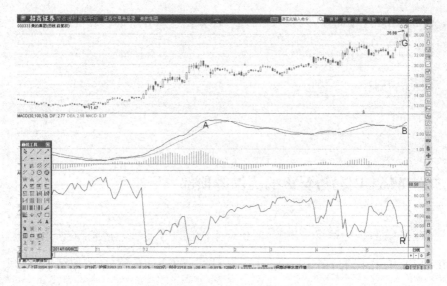

图8-5　美的集团日K线图

操作要领：

1. **从股价弱势创新高来看：** 如图8-5所示，股价在图中G位置出现收盘新高，而价格上涨速度并不快，属于弱势回升的情况。

2. **从MACD指标与股价高位背离来看：** 与股价弱势创新高不同，MACD指标的DIF线已经在图中B位置相对回落。B位置的DIF线数值要明显低于A位置，表明DIF线已经与股价形成顶背离卖点。

3. **从浮筹指标ASR快速回落来看：** 价格在高位加速上涨期间，ASR指标已经快速调整至R位置的低点。ASR回落空间较大，表明股价在背离的情况下远离高浮筹区域，这是股价见顶的重要信号。

总结 | 在价格高位，股价在指标背离的情况下回升，这是不能持续的上涨走势。虽然浮筹指标回落提示我们价格远离高浮筹区域，但是这仅仅是假突破期间的指标表现。一旦股价见顶回落，价格还会跌破高浮筹的筹码峰区域，卖点就会加速形成。

8.3.2　背离后卖点分析

当 MACD 指标与股价出现顶背离以后，股价会弱势调整，浮筹指标会稳步回升。当浮筹指标调整到高位以后，这个时候，价格处于筹码峰内部，股价距离下跌再进一步。

从指标的表现看，我们能够看到背离形态完成以后，随着 MACD 指标的高位回落，相应的 DIF 线也就进入单边下跌状态。这个时候，股价收盘价已经出现回落，这是 DIF 线和股价同步回落的卖点信号。在股价进入下跌趋势以后，浮筹指标 ASR 高位回落，价格远离筹码峰的过程中，股价跌幅就会不断扩大了。

形态特征:

1. **浮筹指标ASR调整到高位**：当ASR调整到高位以后，股价虽然还未加速回落，但是价格已经处于筹码峰内部。这个时候，价格随时会跌破筹码峰，并且开始加速杀跌。

2. **股价与DIF线同步下跌**：当浮筹指标调整高位以后，价格面临高浮筹区域较大抛售压力。股价与DIF线同步回落的时候，表明下跌趋势已经开始。这期间的最好卖点不容忽视。一旦错过卖掉股票的交易机会，就会在下跌趋势中遭受惨重损失。

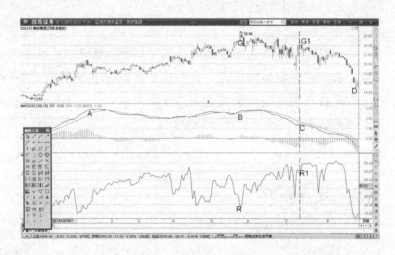

图 8-6　美的集团日 K 线图

操作要领：

1. **从浮筹指标ASR调整到高位来看**：如图8-6所示，股价弱势见顶的过程中，浮筹指标ASR从R位置低点调整到R1位置的高位。这表明，价格已经进入高浮筹区域。图中股价达到G1位置的高位期间，价格收盘明显低于前期高位G，这是高抛的典型卖点。

2. **从股价与DIF线同步下跌来看**：DIF线在B位置与股价背离以后，接下来指标回落至C位置低点，同时价格在G1位置收盘价格明显低于G位置，这是指标和股价同步下跌的卖点机会。背离以后股价已经在下跌趋势中，在价格跌幅还未扩大的时候，投资者在G1位置的高位继续卖掉股票，可以减少40%的损失。

总结 在股价从G1位置的24元下跌至D位置的15元附近以后，股价跌幅高达38%。这段时间里，减仓机会还是有的，关键是要把握好背离后的G1位置的卖点机会。当然，最佳卖点出现在G位置，这是背离后的首次典型的高抛交易机会。

8.4 MACD 顶背离与超高浮筹筹码顶

当 MACD 指标与股价出现了顶背离选题以后，如果筹码形态上表现为超高浮筹的筹码峰形态，一般视为价格见顶信号。在筹码指标达到高位以后，筹码集中度很高，价格在高位背离。一旦股价跌破高浮筹价格区域，股价下跌空间将很快扩大。

8.4.1 MACD 顶背离与高浮筹顶

MACD 指标的顶背离形态出现在价格大幅上涨以后，表明股价在高价区弱势反弹，但是反弹不会得到延续。收盘价格上出现新高以后，DIF 线已经处于相对低位。我们结合浮筹指标来看，浮筹指标 ASR 处于 80 以上的高浮筹区域。与此同时，筹码表现为单一的筹码峰形态，这也进一步验证了价格进入高浮筹区域的信号。背离状态下，股价不会向上突破高浮筹区域，而是会在弱势下跌期间跌破筹码峰。一般认为卖点不仅出现在背离期间，而且出现在价格跌破高浮筹价格区域的过程中。

形态特征:

1. 股价收盘创新高: 当股价收盘创新高以后，价格在牛市行情中累计涨幅还是很高的。价格涨幅达到翻1倍以上，而事实上的顶包高抛交易机会也在不断得到确认。

2. DIF线背离回调：DIF线的背离回调期间，从指标回落可以确认背离形态出现在高位。这个时候，把握好背离卖点非常重要，投资者可以在股价跌幅扩大前抛售股票。

3. 浮筹指标ASR调整到高位：浮筹指标ASR调整到高位以后，可以确认价格进入高浮筹区域。在指标背离回落的情况下，价格进入高浮筹区域，这只能成为股价下跌的导火索。

图 8-7　潍柴动力日 K 线图

操作要领：

1. 从股价收盘创新高来看：如图8-7所示，股价在G位置出现了收盘价新高，但是G位置的收盘价相对前期高位涨幅有限。考虑到该股在牛市中涨幅已经翻一倍，这个时候，是关注高位卖点的时刻了。

2. 从DIF线背离回调来看：MACD指标从A位置回调至B位置的相对高位以后，指标已经处于背离下跌状态。指标不能强势运行的情况下，我们认为卖点已经在G位置出现了。

3. 从浮筹指标ASR调整到高位来看：指标在R位置达到短线高位，表明股价不仅收盘创新高，而且价格已经处于高浮筹的价格期间。而价格高位的高浮筹区域中，R位置的筹码峰筹码集中度非常高，这也进一步验证了股价回升到顶部的信号。

| 总结 | 在筹码主峰出现在价格高位以后，一般认为价格进入高浮筹区域。这个时候，通过确认DIF线背离回落，投资者能够把握好高抛交易机会。股价随时可能跌破筹码主峰，而高抛卖点就在G位置的收盘价高位出现。 |

8.4.2 背离后卖点分析

股价出现高位背离形态以后，价格跌破了高浮筹区域，验证了价格反转走势。股价在高价区震荡的过程中，价格跌破高浮筹区域只是时间问题。如果把握好卖点机会，有望在最高价位减少持股。事实上，价格高位 MACD 指标与股价背离已经是比较高的卖点。随着下跌趋势的展开，价格震荡跌破筹码峰的过程中，卖点只能越来越低。

形态特征：

1. 浮筹指标ASR开始跳水：当浮筹指标ASR开始加速跳水的时候，股价已经开始下跌。虽然跌幅不大，但是却明显地远离价格高位筹码峰区域，这是股价进入下跌趋势的信号。

2. 价格达筹码峰上限：当股价达到筹码峰上限以后，浮筹指标ASR再次反弹，表明下跌趋势中价格弱势反弹至筹码峰上限。这个时候，持股投资者短线盈利，同时也是抛售压力最大的减仓价位。

3. 股价脱离高浮筹价格区域：在股价第二次跌破高浮筹的价格区域以后，股价下跌趋势得到进一步确认。随着下跌趋势的展开，股价的下跌趋势加剧。不断跌破更多筹码以后，股价下跌趋势将很难在短时间内结束。

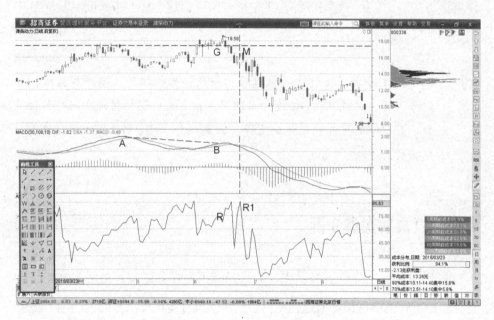

图 8-8　潍柴动力日 K 线图

操作要领：

1. **从浮筹指标ASR开始跳水来看**：如图8-8所示，指标在R位置见顶以后，接下来浮筹指标出现了跳水的情况。只是股价并未单边下跌，而是出现了反弹到M位置的走势。这个时候，浮筹指标触底回升，ASR指标二次回升到R1位置高位。

2. **从价格达筹码峰上限来看**：在浮筹指标ASR回升至R1位置以后，股价已经处于筹码峰上限。一般认为股价短线反弹强度很高，使得抛售压力显著增大。在下跌趋势中，这种因为浮筹指标ASR快速造成的减仓交易机会不容忽视。

3. 从股价脱离高浮筹价格区域来看：当股价从反弹高位M位置回落的时候，我们能够看到股价开始加速下跌。考虑到该股已经两次脱离高浮筹区域，卖点已经得到确认。这个时候，把握好减仓交易机会，依然能明显减少亏损。股价从G位置的18元高位下跌至低位8元的时候，跌幅高达55%。

总结 | 在MACD指标与股价出现高位背离的时候，股价已经成功见顶。随着价格一再跌破高浮筹的价格区域，下跌趋势已经得到确认。该股跌幅已经高达55%，可见高浮筹的价格区域出现背离以后，卖点不容忽视。

8.5 MACD 底背离与价格深度跌破筹码峰

在股价持续回落的时候，筹码峰总会被价格跌破。如果股价跌幅较大，而 MACD 指标已经与股价出现底背离形态时价格继续下跌空间有限，背离推动的价格上涨随时可能出现。与此同时，股价已经深度跌破筹码峰，意味着持股投资者多数被套牢。筹码被套牢后，技术性反弹出现的机会也就增多了。

8.5.1 MACD 底背离与价格跌破筹码峰

MACD 指标出现了底部背离形态以后，从指标上来看，股价已经不具备持续下跌的基础。而如果从价格跌破筹码峰来看，股价下跌至筹码峰下限，相应的低价持股的投资者也处于亏损状态。这个时候，价格处于筹码峰下限，持股投资者急需一次反弹来减少亏损。而场内卖出股票的投资者减少，场外投资者买入股票更容易推动价格上涨。背离的情况下，技术性反弹走势将会出现。

形态特征：

1. **暴跌以后出现MACD底背离**：当股价暴跌以后，MACD指标与股价形成底背离，这是买入股票的信号。背离之前，股价已经出现不止的收盘低点，而背离形态出现以后，一般认为股价已经下跌到位。

2. 浮筹指标ASR深度触底： 背离期间，浮筹指标ASR深度回落后已经跌无可跌。这个时候，价格在下跌趋势中远离筹码峰，这是套牢盘增加后反弹机会同步增加的信号。

3. 价格达筹码峰下限： 股价达筹码峰下限，证明价格跌破了低位的筹码峰。这个时候，低价区筹码峰向下大规模转移的情况不容易出现。MACD指标与股价背离，提示股价将进入反弹状态，价格将会收复跌破的筹码峰。

图 8-9 海马汽车日 K 线图

操作要领：

1. 从暴跌以后出现MACD底背离来看： 如图8-9所示，价格杀跌过程中，不仅在C位置出现收盘新低，而且在进一步反弹结束后D位置再次出现收盘价新低。同情MACD指标在B位置背离反弹，这是典型的背离买点信号。DIF线不再出现新低，说明价格下跌到位。

2. 从浮筹指标ASR深度触底来看： 浮筹指标ASR在R位置深度回落，并且已经达到最低2.36。可见，ASR指标已经跌无可跌，低浮筹的情况下，该股有望出现强势反弹走势。

3. 从价格达筹码峰下限来看：股价下跌至D位置的底部期间，股价已经达到P位置的筹码峰下限。这个时候，持股投资者已经处于全面亏损状态，而股价出现反弹的概率已经很高。

总结	在当股价下跌并且回落至筹码峰下限以后，我们认为股价跌幅已经较大，并且有很强的反弹需求。MACD指标与股价底部背离，这提醒我们将要出现回升走势。在场外资金介入以后，股价从筹码峰下限反弹的价格总是有望形成。

8.5.2　背离买点分析

在 MACD 指标与股价出现底背离以后，价格进一步回落空间有限，反弹走势一触即发。这个时候，浮筹指标已经处于跌无可跌的状态。浮筹指标数值非常小，说明价格达到筹码峰最下限，这个时候，任何有效买盘的出现都会促使股价开始反弹。价格反弹过程中，能够收复很大一部分被跌破的筹码。股价短线反弹的目标位可以达到筹码峰位置，这也是投资者利用背离确认买点的盈利空间。

形态特征：

1. DIF线触底回升：DIF线与股价出现底背离不久，DIF线触底回升，这是推动价格上涨的重要因素。DIF线背离回升以后，价格短线上涨就可以得到确认。

2. 浮筹指标ASR开始回升：在浮筹指标跌无可跌的情况下，指标只能出现回升走势。而ASR指标回升，说明在价格无法下跌的情况下，开始向上靠近高浮筹的价格区域，股价回升趋势可以被推动。

3. 股价短线快速反弹：伴随着DIF线与股价背离的消失，浮筹指标ASR也开始触底回升，这个时候，投资者已经可以在持股的情况下获得丰厚收益。

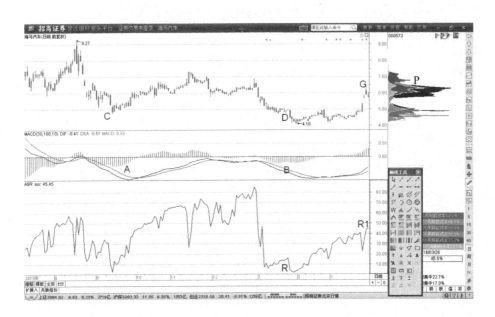

图 8-10　海马汽车日 K 线图

操作要领：

1. **从DIF线触底回升来看**：如图8-10所示，DIF线在B位置与股价背离以后，指标不久后出现企稳走势。在DIF线短线回调的过程中，DIF线并未跌破前期低点A，表明背离提供的买点依然有效。

2. **从浮筹指标ASR开始回升来看**：当DIF线与股价底背离以后，相应的ASR指标也在R位置企稳，指标企稳后回升迹象明确。随着浮筹指标的回升，价格反弹至高浮筹的筹码峰对应价位。

3. **从股价短线快速反弹来看**：伴随着浮筹指标回升至高位R1位置，价格已经达到P1位置对应的筹码峰价位。股价从低位4元启动，回升期间达到最高

6.5元。这期间，投资者有机会获得20%的收益。

总结 | 在股价与MACD指标底背离以后，浮筹指标ASR在低位运行，提示股价下跌到位。反弹期间，随着浮筹指标ASR的回升，股价的确达到了P1位置的筹码峰价位。这期间股价涨幅超过20%，利用背离信号低价买入该股，还是可以获得不错的收益。

8.6　MACD 顶背离与价格高位诱多突破筹码峰

当股价回升空间较大的时候，经过调整以后股价依然能够出现收盘价新高。这个时候，对比 MACD 指标，能发现两者之间出现了背离，这提示高抛交易机会出现。价格高位的收盘新高可以是主力诱多拉升所致，而非能够延续的回升趋势。如果是这样，投资者就需要短时间内卖掉股票，减少因为股价见顶出现的亏损。

8.6.1　MACD 顶背离与价格突破筹码峰

当股价大幅上涨以后，背离还未出现，是因为股价还没有出现收盘新高。随着价格高位调整的开始，股价双向震荡明显。在价格高位调整结束以后，股价收盘价出现新高，这也是背离卖点得到确认的时刻。价格出现新高，表明主力有意诱多拉升股价，为追涨投资者提供买入股票的理由。而这种理由并不充分，MACD 指标的背离回落表明股价已经出现顶部信号。

诱多出货的又一个证据，是股价已经达到高位筹码主峰的上方。这个时候，持股投资者全面盈利，使得抛售压力大幅增加。高位持股的投资者是新进入的追涨投资者，如果没有主力拉升股价，追涨投资者很难在价格飙升期间盈利。

形态特征：

1. 股价收盘创新高：当股价收盘创新高以后，我们能够看到股价已经达到筹码峰上限，这个时候，持股投资者多数盈利。但是考虑到多数为高位追涨投资者的成本价被突破，总体盈利空间并不大。

2. DIF线背离回落：当DIF线背离回落以后，一般认为指标已经与收盘达新高的股价形成顶背离。背离提示反转将出现，高抛交易机会也已经形成。

3. 浮筹指标短线回撤：如果浮筹指标短线回撤，那么股价显然已经在短时间内脱离筹码主峰。但是这种指标回撤是短线表现，并非是股价持续回升的信号。

图 8-11　北部湾港日 K 线图

操作要领：

1. 从股价收盘创新高来看：如图8-11所示，股价从15元飙升至28元高位，涨幅接近翻一倍的情况下，该股在C位置短线见顶，这是抛售压力增大的信号。接下来该股经过不足两个月的横盘调整，股价在D位置再创收盘价新高。

2. 从DIF线背离回落来看：DIF线在B位置并未达到新高位，DIF线在B位置的数值要低于前期A位置的数值，体现了指标与股价高位背离的形态特征。按照背离卖掉股票的交易原则，D位置的高抛交易机会不容忽视。

3. 从浮筹指标短线回撤来看：主力拉升股价诱多期间，浮筹指标ASR回落至R位置，这是价格短线脱离高浮筹区域的信号。股价处于高价区，这种价格突破的走势很容易成为高抛卖点信号。如果在这个时候采取卖掉股票交易策略，显然可以有利可图。

总结 | 在价格短线突破高价区以后，我们通过MACD指标背离确认了高抛卖点。股价达到历史高位，但是价格达到筹码峰上方，这个时候盈利盘规模更大，抛售压力会更高。而浮筹指标ASR短线回调，这只是假突破期间应有的表现。事实上，我们会发现背离后股价将成功见顶，而股价下跌的过程中，浮筹指标回落空间更大，使得股价将在下跌趋势中远离筹码峰。

8.6.2　顶背离后卖点分析

顶背离形态出现以后，股价就已经见顶。这个时候，伴随着DIF线的回落，股价近日单边下跌的状态。从筹码来看，浮筹指标ASR快速回落，提示股价已经在下跌期间远离筹码主峰。价格下跌导致更多的筹码被套牢在高价区，股价下跌趋势得以延续。

形态特征：

1. DIF线单边回落：当DIF线从背离向回落发展的时候，DIF线回落推动的价格下跌已经开始。这个时候，减仓机会依然存在。

2. 浮筹指标快速杀跌：在股价跌幅还未明显扩大的时候，由于筹码集中度较高，股价跌破了筹码主峰。这个时候，浮筹指标ASR表现为明显的回落信号，这是股价加速下跌的表现。

3. 反弹提供卖点机会：当DIF线下跌的时候，这个时候，浮筹指标ASR也加速回落。股价还未远离筹码峰的时候，反弹提供了卖点机会。

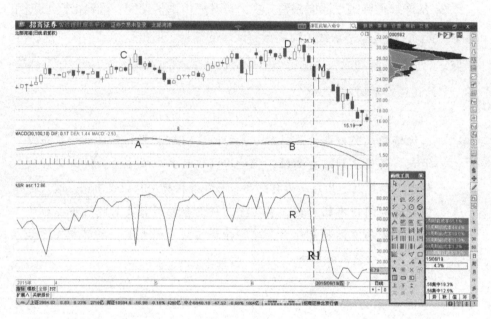

图 8-12　北部湾港日 K 线图

操作要领：

1. 从DIF线单边回落来看：如图8-12所示，DIF线在B位置单边回落，指标与股价高位背离以后，开始推动价格下跌。

2. 从浮筹指标快速杀跌来看：在DIF线单边回落以后，浮筹指标从高位杀跌。价格高位股价出现黑三兵的K线形态以后，ASR指标短线回落空间较大，数值达30下方。图中显示的R1位置是ASR指标首次回落的低点，这表明股价进入加速下跌阶段。

3. 从反弹提供卖点机会来看：浮筹指标杀跌至图中R1位置，价格已经加速回落。在价格反弹至M位置的时候，高位抛售机会还是不错的。M位置对应价位是26元附近，相比较后期股价杀跌至16元低位，还是比较高的卖点。

总结 | 在诱多出货期间，价格总会表现出明显的强势特征。这个时候，MACD指标表现出来的背离更值得关注。指标背离以后股价远离筹码主峰，这成为股价进入下跌趋势的重要信号。随着跌幅扩大，典型的卖点早已经得到确认。不必等待股价跌破筹码峰的时候减少持股，在背离以后加速出货，能够减少很多不必要的损失。

第 9 章
MACD 背离与量能
缩放的综合运用

在 MACD 指标出现背离形态以后，量能方面会出现一些显著变化。在指标高位背离的时候，成交量出现天量量能。量能很大，使得筹码在价格高位转移，这将加剧股价的见顶过程。而 MACD 指标出现底背离的时候，股价在下跌期间出现地量量能。这个时候，抛售压力急剧减小，使得背离提示的股价底部更加明确。价格距离反转更进一步。

利用量能变化和 MACD 指标背离来确认股价反转的过程，准确性可以大幅提升。

9.1　天量顶和 MACD 顶背离

股价上涨期间，是主力投资者出货阶段，股价更容易出现顶部特征。而主力出货的重要特征，是量能达到天量的信号。天量量能出现之时，价格高位筹码转移效率很高，股价顶部特征就容易确认。这样一来，我们首先确认股价在高位与 MACD 指标背离，同时在天量量能出现的情况下，确认股价的顶部卖点。

9.1.1　天量顶与 MACD 顶背离形态

在股价回升期间，价格强势上涨并且突破前期高位以后，表明股价走势很强。不过相比强势创新高的股价，MACD 指标却已经背离回落。与此同时，成交量达到天量状态以后，这也进一步验证了顶部特征。天量顶部出现之时，股价会出现顶部 K 线特征。价格总会在最高价位踌躇不前，显示出主力出逃后的卖点信号。

形态特征：

1. 股价单边放量上涨： 当股价单边放量上涨以后，价格回升趋势在一段时间里得到延续，股价涨幅不断达到新高，以至于股价收盘突破前期高位。

2. 天量顶部提示见顶： 天量顶部出现以后，股票短时间内完成较大量换手，这个时候主力投资者已经高位出逃，价格以天量见顶的形式突破了前期高位。那么，价格高位卖点已经形成。

3. MACD指标高位背离卖点出现：当MACD指标出现高位背离形态以后，一般认为天量顶部已经得到验证。股价即将在背离以后高位回落，短线的卖点可以成为高位抛售的交易机会。

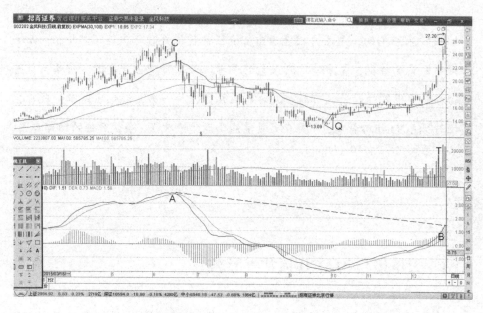

图 9-1　金风科技日 K 线图

操作要领：

1. 从股价单边放量上涨来看：如图9-1所示，股价在Q位置跳空回升，接下来的时间里不断放量上涨。价格上涨趋势不断得到加强，直到股价突破前期高位前，卖点依然没有出现。

2. 从天量顶部提示见顶来看：股价刚刚突破前期高位，天量量能就在T位置形成。天量量能却没有推动股价涨停，而是以带有很长上影线的K线见顶。那么我们认为股价的顶部已经出现，卖点在这个时候得到验证。

3. 从MACD指标高位背离卖点出现来看：如果说天量顶还不足以成为股价反转的信号，那么MACD指标背离形态就进一步验证了顶部形态。图中DIF线只是回升至B位置，这与前期高位A形成背离。这表明，均线方面已经无法继续强势，意味着该股已经成功见顶，抛售机会就在这个时候出现。

总结 | 在天量顶部出现以后，主力投资者出逃的速度很快，MACD指标背离提示我们可以高位抛售股票了。在主力大量出货以后，股价进入顶部区间价位。这个时候，我们卖掉股票的速度越快，就可以更好地减少损失。当然，背离期间我们就可以卖掉股票，而不必进一步确认股价顶部卖点。

9.1.2 背离卖点机会

通常，天量顶部出现以后价格很容易见顶回落。股价以尖顶的形式完成反转动作，而价格一旦反转，相应的跌幅必然会很大了。这个时候，投资者减少持股的速度总是不能与股价下跌相比。那么天量顶部和背离形态确认股价见顶期间，尽快出货还是非常必要的。

形态特征:

1. **上影线K顶部得到确认**：天量顶部和背离形态提示我们股价见顶时候，从K线形态看，带有很长上影线的阳线反转形态出现。这种K线形态出现在顶部价位，意味着以K线为起始点的反转走势将出现。

2. **股价低开下跌**：长上影线K线顶部出现以后，股价出现缩量低开走势，这是非常典型的顶部特征。如果我们对此视而不见，价格下跌期间持股还会造成更大亏损。

3. **量能萎缩过程中跌幅扩大**：在成交量显著萎缩的情况下，股价下跌趋势不仅出现，而且是以单边回落的形式展开。量能急剧缩量，而股价跌幅不断扩大。地量量能出现前，股价下跌趋势都不会轻易结束。

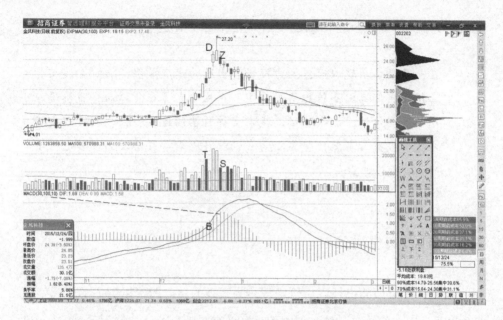

图 9-2　金凤科技日 K 线图

操作要领：

1. 从上影线K顶部得到确认来看： 如图9-2所示，股价在D位置出现了上影线很长的阳线形态。阳线形态较小，使得K线的反转意义得到很好的确认。

2. 从股价低开下跌来看： 在顶部反转K线以后，该股在Z位置低开下跌。S位置显示的成交量相当于前一个交易日的一半，这是股价缩量低开以后进入下跌趋势的信号。

3. 从量能萎缩过程中跌幅扩大来看： S位置的量能萎缩只是个起点，接下来成交量单边萎缩的趋势得到确认。在股价从D位置的顶部26元下跌至15元的过程中，量能萎缩趋势始终没有结束。

总结 在天量顶部确认的反转信号非常有效，根据MACD指标的背离形态，我们很好地确认了D位置的高抛交易机会。如果抛售股票获得成功，该股暴跌超过40%的时候，可以明显减少亏损。

9.2 地量底和 MACD 底背离

在股价下跌期间，量能持续萎缩也限制了股价下跌。随着跌幅的不断扩大，量能萎缩至地量状态，这个时候抛售压力已经非常小，股价在这个时候很容易出现底部形态。结合 MACD 指标的底背离形态，投资者可以早一些发现股价的底部形态，以便在股价上涨前买入股票。

9.2.1 地量底与 MACD 底背离

在股价下跌的过程中，只要股价收盘没有出现新低价位，就不会存在背离形态。这个时候，DIF 线依然跟随股价下跌，可确认股价见底，可以从成交量的变化看。量能萎缩期间，如果股价已经出现地量底部，那么距离真正触底已经很近了。特别是在地量底以后股价跌破前期低点，从 MACD 指标和股价底背离确认的买点来看，我们有机会买到低价股票。

形态特征:

1. **地量底部出现**：地量底部出现在股价下跌期间，表明短线抛售压力减少，股价已经接近底部价位。这个时候，投资者需关注时刻会出现的背离买点，以便在价格反弹期间盈利。

2. **股价跌破收盘最低价位**：下跌趋势中的收盘最低价支撑较好，但是股价还是会在跌幅扩大的时候出现破位下跌。这个时候，股价已经调整过度，使得相应的反弹走势更容易形成。

3. **MACD指标与股价底背离**：股价出现收盘价新低，同时MACD指标与股价底背离，这是典型的买入股票信号。地量底部和MACD背离同时完成的时候，股价已经下跌到位。这个时候买入股票，可以在量能有所放大而股价反弹期间获得收益。

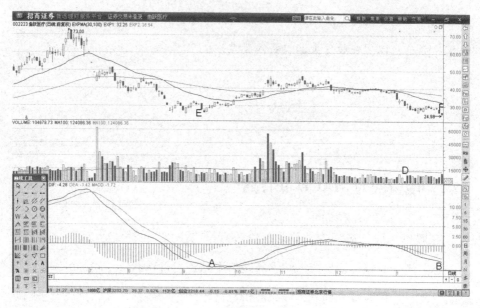

图9-3　鱼跃医疗日K线图

操作要领：

1. **从地量底部出现来看**：如图9-3所示，股价在D位置达到地量量能状态，这个时候，股价还未出现收盘跌破前期E位置价格低点的情况。不过地量量能以后，股价下跌空间会受到抑制，相应的股价更接近触底。

2. **从股价跌破收盘最低价位来看**：图中F位置股价连续3个交易日出现下跌阴线，在股价跌破了前期低位E的情况下，一般认为股价在缩量下跌的过程中出现了超跌。

3. 从MACD指标与股价底背离来看：股价在F位置达到收盘价新底，MACD指标回落至B位置，不过B位置要高于A位置的指标数值，这是MACD指标与股价底背离的信号。背离提示股价已经触底，买点出现在背离完成以后。

总结 | 当成交量达到地量状态以后，股价在下跌趋势中进入底部区域。如果MACD指标的背离也在这个时候出现，毫无疑问股价会出现底部信号。背离提示我们从均线方面看已经不再回来，MACD指标的DIF线率先触底，无疑是股价上涨的前奏。

9.2.2　MACD双金叉确认走强

当股价下跌出现收盘新低以后，MACD 指标与股价出现底背离形态，这是买入股票的一次有效机会。背离以后 DIF 线开始触底回升，指标回升期间，DIF 线与 DEA 线完成金叉形态，进一步确认股价触底。如果我们按照 DIF 线的金叉来买入股票，持股价位就比较高了。而如果我们在背离出现的那一刻就大量建仓，持股价位低，更容易在价格走强的时候盈利。

从谨慎建仓的角度来看，背离期间可以首次买入股票。而 DIF 线在背离完成后逐渐回升，DIF 线以金叉形式向上穿越 DEA 线，这是对价格反弹走势的有效验证。在金叉完成以后，可以第二次买入股票。这个时候的仓位可以达到 80% 以上，确保在股价上涨的过程中我们能够获得更高收益。

形态特征:

1. MACD背离买点出现：当MACD背离以后，买点就已经得到确认。背离那一刻起，买入股票可以在瞬间完成，这样获得的股票成本更低。

2. DIF双金叉买点出现：随着DIF线完成触底，DIF线回升期间，双金叉形态验证了股价回升，这是把握买点的机会。DIF线双金叉能够更好地提示均线企稳，表明股价已经完成了触底过程。

3. 股价反弹走强：DIF线的双金叉形态完成以后，股价进入稳步回升阶段，股价上涨趋势加强。由于投资者已经在背离阶段的价格低点买入股票，股价反弹期间盈利会明显提升。

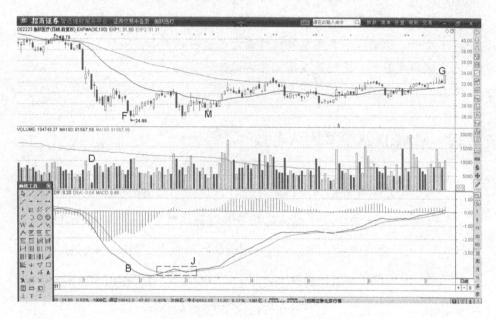

图 9-4　鱼跃医疗日K线图

操作要领：

1. 从MACD背离买点出现来看：如图9-4所示，B位置DIF线与股价背离，而对应的F位置的价格收盘在26元附近，建仓成本也低至26元。

2. 从DIF线双金叉买点出现来看：在DIF线反弹以后，图中J位置出现了双金叉形态，这是指标继续回升的信号。同时，也是投资者在M位置的27元附近买入股票的依据。

3. 从股价反弹走强来看：投资者使用MACD指标背离和双金叉形态两次

买入股票，成本价分别为26元和27元。随着DIF线的企稳回升，DIF线靠近并突破0轴线的时候，股价飙升至33元高位，最低盈利也在20%以上。

总结 | 在量能达到地量以后，股价距离触底已经非常近。随着价格跌破前期收盘低点，MACD指标提示的背离已经出现。背离买点和DIF线金叉买点都很重要，是投资者增加持股数量的机会。随着反弹的延续，持股数量也达到最大，股价顺利进入回升趋势中，这期间可以利用反弹的机会获得较好的收益。

9.3 巨量顶与 MACD 顶背离

股价回升期间，通过量能放大判断股价见顶，我们能够更好地发现股价高位卖点机会。如果量能达到天量甚至是巨量状态，股票还手数量大幅增长，价格见顶的概率就很高了。实际上，利用巨量顶部和 MACD 指标的高位背离判断股价见顶，是比较有效的方式。巨量量能出现后开始缩量之时，MACD 指标也与股价出现顶背离形态，那么相应的高抛交易机会就得到确认了。

9.3.1 巨量顶与 MACD 顶背离形态

股价上涨空间加大以后，价格高位就会出现调整的情况。随着调整的到来，主力投资者高位出货的进程也在加快。这个时候，放量信号总是会引起我们的关注，因为也只有量能放大期间出货，主力才能完成减仓交易过程。量能放大的时候，主力投资者减仓速度更快，使得股价以加速见顶的形式回落。我们只需要判断巨量成交量出现，并且在缩量的时候确认 MACD 指标的背离卖点，就可以顺利完成出货动作。

巨量量能出现之时，股价表现很强势，价格短线涨幅提升的时候，我们能够看到高价区卖掉股票的机会。随着量能由巨量转变为缩量，MACD 指标与股价高位背离信号得到确认。股价在缩量状态下难以表现出强势，DIF 线背离回落以后，价格自然会出现调整。

形态特征：

1. **巨量反弹走势出现：** 巨量量能出现以后，股价在高价区表现会更好。即便调整空间较大，量能达到巨量的情况下，价格也能够顺利突破阻力位的抛售压力区。股价以巨量形式达到收盘价更高位以后，筹码换手数量也达到更高幅度。

2. **DIF线与收盘新高价格背离：** 在主力用巨量拉升股价突破历史高位的过程中，虽然价格收盘达到更高价位，但是背离不可避免地出现。DIF线表现出无法创新高的状态，这是股价明显见顶的信号。随着DIF线背离出现，我们关注的高抛交易机会也经过确认。

3. **缩量提示卖点出现：** 股价进入技术性反弹阶段，量能总是很高。这个时候，我们看到价格以巨量形式达到历史收盘新高价。如果量能萎缩的情况下股价无法继续回升，自然价格就会走低，卖出股票的机会也在这个时候出现。

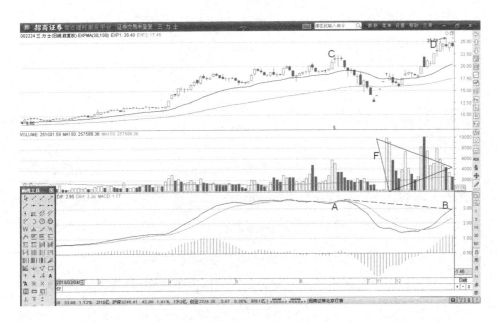

图 9-5　三力士日 K 线图

操作要领：

1. **从巨量反弹走势出现来看**：如图9-5所示，F位置出现了巨量量能，成交量高达前期的3倍以上。如果高的量能推动价格飙升至D位置是收盘新高价位。从反弹到D位置出现新高，股价涨幅接近翻一倍。

2. **从DIF线与收盘新高价格背离来看**：股价收盘刚刚在D位置创新高，MACD指标就已经在B位置与股价背离。DIF线在B位置反弹强度不足，使得B位置的DIF线数值并未超过前期A位置，这是MACD指标与股价背离的高抛交易信号。

3. **从缩量提示卖点出现来看**：股价在D位置达到收盘价新高的时候，成交量萎缩至100日等量线，这已经是量能萎缩的高抛信号。

总结 │ 在股价巨量飙升结束以后，成交量开始萎缩至100日等量线，同时MACD指标与股价出现高位背离形态，这都是股价见顶的重要信号。随着背离提示的卖点的出现，我们可以在股价缩量回落前就抛售股票。

9.3.2 背离卖点机会

股价冲高见顶的过程中，典型的起始下跌形态出现在量能萎缩至 100 日等量线的时候。MACD 指标与股价背离推动股价进入价格高位区间，而量能萎缩则成为价格继续回落的推动因素。投资者对背离个股的关注度在降低，随着买盘的减少，同时止盈盘不断增加，股价出现顶部形态。

股价的顶部反转形态一旦得到确认，价格很容易跌破筹码主峰，使得价格下跌趋势得到确认。原因是，价格高位量能较高，股票大量换手以后会出现筹码主峰形态。随着缩量下跌走势的出现，股价跌破筹码后抛售压力增加，股价在缩量状态下开始扩大跌幅。

形态特征：

1. **股价缩量跌破高位调整形态**：当股价缩量跌破高位调整形态以后，我们能够看到调整形态已经成为顶部价位，而股价下跌才刚刚开始。价格跌破调整形态的过程中，也是股价在下跌趋势中远离筹码峰的过程。

2. **量能维持萎缩状态**：股价跌破调整形态以后，投资者的买入股票的热情受到打击，价格维持缩量调整状态。这个时候，量能萎缩时间越长决定了价格下跌时间也会越长。

3. **股价缩量中扩大跌幅**：当股价首次跌破高位调整形态以后，我们能够看到股价进入到空头趋势。股价在缩量中扩大下跌空间，相应的短线交易机会不断减少。如果是持币观望状态，那么我们应该庆幸，因为股价下跌从背离开始，跌幅一定是投资者短线难以承受的。

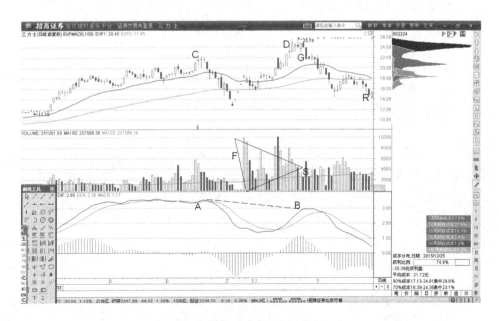

图 9-6　三力士日 K 线图

操作要领：

1. 从股价缩量跌破高位调整形态来看：如图9-6所示，股价在G位置缩量跌破高位短线横盘形态，这是一次比较典型的看跌信号。从收盘价表现看，我们首次发现该股跌破了调整形态，这是比较有效的高抛卖点信号。

2. 从量能维持萎缩状态来看：股价在G位置跌破调整形态，同时成交量萎缩至S位置的100日等量线附近。量能萎缩迹象明显，股价弱势运行的过程中，收盘价没有出现明显反弹。

3. 从股价缩量中扩大跌幅来看：股价首次跌破高位调整形态以后，跌幅很快扩大到16元。而经过短线反弹以后，股价再次回落至14元低点。从D位置的26元高位暴跌至14元，跌幅已近接近50%。

| 总结 | 在放量上涨向缩量下跌转变期间，股价以MACD指标背离为起始点，进入顶部反转的状态。随着下跌幅度的扩大，高抛交易机会很快得到确认。如果我们想要见底亏损，就不得不考虑卖掉股票。下跌趋势中，卖掉股票的时机选择很重要。背离提供了第一次有效卖点机会，而随着跌幅扩大，反弹期间卖点就比较低了。 |

9.4　单边缩量底与 MACD 底背离

在股价下跌期间，量能萎缩是基本的特征，成交量萎缩推动的价格下跌不断得到延续。在单边缩量的状态下，我们能够看到股价的缩量底部形成。从买点机会来看，我们把握好价格低位的缩量底部建仓机会，可以有机会获得收益。实际上，MACD 指标的底部背离与量能萎缩同步出现。量能萎缩到一定程度，MACD 指标与股价出现底部背离，提示我们价格已经触底，买点形成。

9.4.1　缩量底和 MACD 底背离

股价进入下跌趋势以后，缩量底部并非任何时候都会出现。只有股价经历了足够长时间的下跌，底部才能够得到确认。从量能萎缩趋势判断，价格的下跌趋势并没有任何触底的迹象。在成交量还未出现放大信号的时候，缩量状态下，我们可以首先判断 MACD 指标与股价底部背离。确认了底部背离以后，接下来可以在背离期间把握好抄底的交易机会。

股价缩量下跌期间，MACD 指标与股价底背离，这是典型看跌信号。如果量能萎缩不能结束，MACD 指标与股价背离迟早会出现。弱势下跌期间，股价在一段时间里的跌幅并不会很大。但是收盘出现新低以后，MACD 指标的 DIF 线不再出现新低，提示背离买点。在 MACD 指标与股价出现底背离的时候，意味着价格下跌节奏已经减缓，而 MACD 指标背离直接体现了均线的向下发散趋势结束，股价低位买点出现。

形态特征：

1. **股价处于下跌趋势**：当价格进入下跌趋势以后，成交量会持续萎缩，使得股价活跃度不断降低。这个时候，弱势运行的价格反弹空间不断收窄。股价下跌期间，我们能够看到低位的买点机会出现。

2. **成交量无法继续萎缩**：随着成交量不断萎缩，可以确认量能萎缩的趋势线位置。通过量能与趋势线来对比，不难发现量能无法继续萎缩的买入股票的机会。

3. **MACD背离提示买点**：成交量无法继续萎缩的时候，MACD指标的DIF线与股价出现底背离，这是确认低价买点的机会。成交量萎缩的过程中，股价的弱势表现短时间都不可能结束。而MACD指标背离形态的出现，进一步揭示了买点机会。

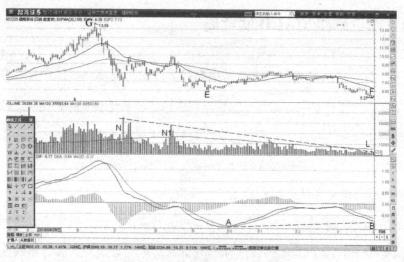

图 9-7　濮耐股份日 K 线图

操作要领：

1. **从股价处于下跌趋势来看**：如图9-7所示，股价在G位置的高位13元上方见顶以后，价格就已经进入单边下跌状态。随着量能在N位置持续萎缩，股价见顶后短线回落高达50%。可见，下跌趋势短线都没有结束的可能，而买点可以通过MACD指标背离来确认。

2. 从成交量无法继续萎缩来看：量能萎缩期间，N和N1位置分别持续了脉冲量能。脉冲量能持续时间不长，量能萎缩趋势延续下来。到L位置的时候，量能回落的趋势线已经与成交量平行，这表明成交量继续萎缩空间不大。而量能不再萎缩的情况下，股价也会出现底部信号。

3. 从MACD背离提示买点来看：在成交量无法在L位置继续萎缩的时候，MACD指标回调至B位置。B位置要显著高于前期A位置，这是比较典型的背离形态。同时，也是我们把握买点机会的时刻。

总结 | 在成交量萎缩的前提下，我们能发现股价进入缩量下跌趋势。这个时候，买点并非不可得，而是需要成交量足够低的情况下才会出现。如果我们根据量能萎缩的趋势判断买点，其实图中L位置就已经出现买入信号。不过成交量变化有很大的不确定性，结合MACD指标的底背离买入股票，这样做成功率会更高。

9.4.2　背离买点机会

当MACD指标与股价出现底背离以后，指标无法继续回落，提示买点已经形成。确认抄底机会非常重要，使得投资者能够在买入股票以后就可以获得收益。随着反弹走势的出现，DIF线的触底回升推动了价格走强。为了确保在最低价位买入股票，需要在背离的那一刻就抄底。随着量能开始放大，我们会看到真正的价格低位已经得到确认。

MACD指标的低位背离形态出现以后，股价已经进入触底回升阶段。股价跌幅扩大，而技术性反弹走势一触即发。随着量能从低位逐步放大，价格也逐渐摆脱弱势格局。技术性反弹阶段，买点不容错过。在量能有效放大至100日等量线以前，低价区的买点都能够成为我们建仓的交易机会。

形态特征：

1. **背离提示买点机会**：股价收盘跌破了前期低位以后，价格首次出现了买点机会。确认背离买点非常重要，使得我们能够在股价还未开始反弹的时候就低价介入。

2. **量能摆脱缩量趋势**：如果股价正在摆脱下跌趋势，成交量会出现放大信号。量能不必太大，只要出现了放量趋势，价格就会出现企稳的走势。当成交量放大并且达到了100日等量线以上的时候，成交量越高股价短线涨幅会更大。这个时候，我们能够看到股价出现了放量大涨的情况。

3. **技术性反弹推动价格走强**：MACD指标与股价出现底背离形态，价格会出现回升走势。不过，通常典型的背离形态后股价涨幅会比较大。而技术性反弹走势出现的概率比较高，股价在底部背离以后更容易出现强势反弹走势。

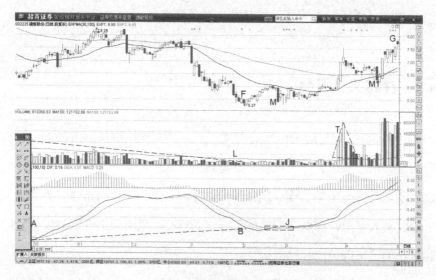

图 9-8　濮耐股份日 K 线图

操作要领：

1. 从背离提示买点机会来看：如图9-8所示，MACD指标在B位置背离反弹的时候，股价在F位置成功触底以后，短线超底的交易机会就出现在F位置。

2. 从量能摆脱缩量趋势来看：L位置是成交量触底的位置，之后量能逐渐出现放量迹象，使得股价稳步进入上行趋势。在量能还未明显突破100日等量线前，股价在低价区震荡。M位置的买点可以是又一个不错的交易时机。如果我们能够在M位置继续加仓，还是有比较好的盈利空间。

3. 从技术性反弹推动价格走强来看：图中显示的DIF线在J位置完成金叉形态，股价上涨趋势继续得到确认。而当成交量在T位置放大至100日等量线3倍以上的时候，该股出现了涨停走势。从F位置的5.5元算起，股价达到G位置的7.5元以上的时候，涨幅已经高达36%。

总结 | 在MACD指标确认低价区的背离信号以后，股价上涨以反弹为主。其间，低价区的买点不断出现。F位置的买点并非唯一的建仓交易机会，接下来的M和M1位置再次出现买入股票的机会。如果我们能够把握好交易时机，自然也能够提升盈利。

9.5　急速缩量与 MACD 顶背离

在股价大幅上涨的情况下，高价区的顶部形态出现的过程中，通常与量能萎缩同步实现。量能萎缩速度越快，股价见顶速度越快。如果我们根据成交量萎缩来确认高抛卖点，显然是比较好的方式。而在量能萎缩前，MACD 指标可以提示我们股价顶部卖点机会。股价强势反弹至高价区以后，DIF 线反弹空间不足，背离形态就会得到确认。越是显著的背离走势，股价见顶后下跌空间也会更大。

9.5.1　缩量与 MACD 顶背离形态

成交量放大到 100 日等量线以上，一般认为这是比较有效的放量信号。量能越大，股价表现越是强势。不过从成交量的萎缩趋势来看，如果量能在几个交易日里开始萎缩，并且成交量达到 100 日的等量线下方，那么我们认为股价已经无法运行在高价区。主力投资者已经不再有能力支撑股价，而量能萎缩的过程中，股价已经在下跌当中。

实际上，股价的缩量见顶是在 MACD 指标与股价高位背离以后出现。背离形态显著，而推动价格下跌的缩量阴线形态出现，价格难以维持强势运行的状态。

形态特征:

1. 股价经历跳空反弹走势:在股价跳空反弹阶段,价格表现出非常强势的运行特征。这个时候,股价在波段行情中涨幅较大,而且价格高位依然出现跳空上涨的顶部形态。

2. 股价收盘创新高与MACD指标顶背离:当MACD指标与股价跳空上涨形成背离以后,那么卖点就得到确认。股价跳空上涨期间,主力拉升股价诱多。而背离提示我们跳空上涨只是顶部出现的信号,而非我们的追涨机会。

3. 缩量回调走势出现:量能萎缩的信号出现以后,股价的见顶形态就可以得到确认了。量能短时间萎缩并且达到等量线下方,这可以很好地提示股价反转。没有量能放大支撑,股价不可避免地会出现缩量下跌的走势。

图 9-9　奥特迅日 K 线图

操作要领:

1. 从股价经历跳空反弹走势来看:如图9-9所示,股价经历杀跌走势以后，新一轮的反弹走势从图中R位置开始。R位置的跳空缺口非常明显，这是股价加速上涨的信号。同时量能有效放大至100日等量线以上，这也成为推动价格上涨的因素。

2. 从股价收盘创新高与MACD指标顶背离来看：股价反弹节奏很快，直到价格在F位置突破前期高位的时候，该股还出现了跳空上涨的缺口形态。缺口形态出现后，我们认为主力投资者正在诱多拉升，这是典型的高抛交易信号。跳空期间MACD指标的DIF线只达到B位置的相对高位，B位置明显低于A位置，说明跳空缺口的高抛卖点得以确认。

3. 从缩量回调走势出现来看：S位置的成交量萎缩速度很快，用时5个交易日，成交量就已经低于100日等量线。这说明，MACD指标背离确认的高抛卖点得以确认，股价下跌趋势正在形成。缩量回调期间股价跌幅还未扩大，卖点依然存在。

总结 | 在量能放大的过程中，我们能够看到该股反弹效率很高。不过与强势放量的股价回升趋势相违背的是，该股在高价区背离并且开始缩量见顶。发现背离形态并不困难，而量能萎缩迹象也非常典型，用时5个交易日成交量就已经低于100日等量线，这样股价下跌已经不可避免，高卖点就出现在这个时候。

9.5.2 顶背离卖点机会

当股价缩量见顶以后，量能萎缩并且低于100日等量线的时候，股价活跃度显著降低。虽然股价还未大幅度杀跌，但是量能萎缩推动的价格下跌趋势并不会结束。至少短期看来，我们确保在股价下跌过程中减少持股，才可能将持股损失降低到最小。

在背离卖点确认以后，股价出现缩量下跌的情况。量能萎缩并且低于

100 日等量线的时候，成交量短期都不可能回到 100 日等量线以上。而如果真的像我们预期的一样，股价就会进入缩量下跌趋势中。从交易机会来看，缩量情况下股价不可能出现显著反弹。而最佳卖点已经在背离期间出现，股价缩量下跌期间，我们减少持股速度越快，越能够将持股风险降低到最小。

形态特征：

1. **股价开始缩量下跌**：成交量萎缩的过程中，比较典型的交易机会出现在背离期间。量能萎缩以后，股价波动空间减小，下跌趋势得到确认。

2. **脉冲放量反弹提供减少持股机会**：股价缩量下跌期间，比较有效的卖点出现在背离出现以后。当然，如果我们还未卖掉股票，股价缩量下跌期间，还是会出现偶然的脉冲放量情况，股价短线反弹也是我们减少持股的机会。

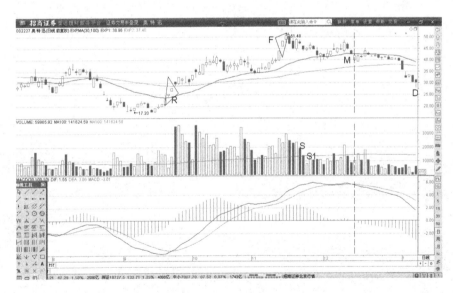

图 9-10　奥特迅日 K 线图

操作要领：

1. **从股价开始缩量下跌来看**：如图9-10所示，F位置的跳空上涨顶部形态得到确认以后，股价在S位置出现量能萎缩。而S1位置的量能明显低于100

日等量线，股价已经进入缩量调整状态。

2. 从脉冲放量反弹提供减少持股机会来看： 比较典型的脉冲放量出现在M位置。价格短线反弹强度不大，但是依然是卖掉股票的机会。随着反弹的结束，在M位置最后一次卖掉股票，接下来下跌期间不会出现明显亏损。

总结 | 在股价结束了M位置的技术性反弹以后，该股进入单边下跌趋势中。量能显著低于100日等量线期间，股价已经下跌至D位置的价格低位。这种背离到股价杀跌的走势，持续时间为两个月，股价从50元高位下跌至30元低点，跌幅超过了40%。

9.6　一字天量顶与 MACD 顶背离

一字涨停板出现在价格高位的时候，股价走势很强，这是主力投资者强势拉升股价的结果。如果一字涨停板走势持续多个交易日，并且量能始终处于地量状态。一旦一字涨停板打开，资金主力利用强大买盘完成出货动作。这个时候，大量股票在高价区被抛售，使得股价很快出现顶部信号。而 MACD 指标的

9.6.1　一字天量顶与 MACD 顶背离形态

如果股价出现了连续一字涨停走势，一般认为这是主力拉升股价扩大收益的操盘动作。一字涨停板出现的交易日越多，股价飙升空间越大。随着量能极度萎缩的一字涨停板走势出现，大量盈利盘需要释放抛售压力。而打开涨停板的过程中，是资金集中出逃的过程。天量量能出现以后，股价天量打开涨停板，资金在高价区出逃。

从 MACD 指标的表现看，如果背离出现在价格高位，那么我们能够发现典型的抛售机会形成。背离形态提示我们股价涨幅过高，指标不能支持股价继续上涨。天量资金出逃完成以后，股价将在不久完成见顶回落走势。

形态特征：

1. 股价一字涨停突破最高收盘价：价格以一字涨停的形式突破最高收盘

价，这是主力拉升股价的结果。价格突破高位，这期间价格涨幅过高，并且积累了大量的盈利盘。

2. 天量顶部确认见顶：天量顶部出现在一字涨停以后，说明主力投资者集中在打开涨停板后出货。这个时候，量能达到天量状态，提示我们股价天量阴线顶部出现。仅从量价来看，我们就可以确认股价出现见顶信号。

3. MACD指标背离提示高抛卖点：MACD指标与股价出现顶背离，这是一字涨停以后典型的顶部特征。主力虽然能够拉升股价一字涨停，却不能改变MACD指标顶背离的形态。可见，我们能够通过背离发现高抛交易机会。

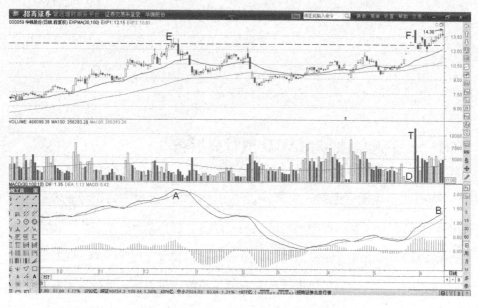

图9-11　华锦股份日K线图

操作要领：

1. **从股价一字涨停突破最高收盘价来看**：如图9-11所示，股价在D位置出现地量量能，而该股在这期间出现连续5个交易日的一字涨停板。连续拉升以后，价格在F位置突破了前期高位E位置的最高收盘价。

2. **从天量顶部确认见顶来看**：股价结束一字涨停走势以后，我们能够看到T位置量能达到天量，这是盈利投资者集中出货的体现。天量顶部形态出现以后，该股已经明显出现了反转信号。

3. 从MACD指标背离提示高抛卖点来看：MACD指标在股价一字涨停期间回升空间不大，B位置体现的DIF线数值明显要低于前期高位A。这样看来，股价在一字涨停走势出现以后开始确认顶部。指标背离和天量见顶同时确认了股价见顶，高位卖点出现在13元的价格高位附近。

总结 ｜在主力强行拉升股价涨停的时候，一字涨停板走势虽然为投资者创造了不错的盈利机会，但同时也加速了股价见顶。主力拉升股价完成以后，天量出货很容易解释主力投资者的操盘意图。主力投资者利用资金优势大幅度拉升股价以后，天量顶部和指标背离同时提示我们高抛卖点。

9.6.2 顶背离后卖点机会

一字涨停板完成以后，股价以天量见顶形式完成了顶部反转形态。这个时候，量能从天量开始萎缩，这已经能够说明股价开始走弱。MACD 指标与股价顶背离，进一步验证了我们的判断。随着顶部的不断确认，DIF 线从背离到死叉形态的转变，这是我们进一步验证股价见顶的信号。

一字涨停板出现以后，比较及时的顶部特征是一字涨停板打开期间的天量量能。不仅出现了天量量能，而且股价收盘出现阴线下跌的情况。种种迹象都表明，股价进入顶部区域。首次减仓操作可以在天量顶部出现之时开始。接下来，MACD 指标与股价顶背离，这进一步验证了顶部特征，同时也是再次高位抛售股票的时机。而在 MACD 指标的 DIF 线跌破 DEA 线前，应该已经处于空仓状态。只有这样，才不至于在下跌趋势中遭受损失。

形态特征：

1. **天量阴线确认股价见顶**：天量阴线出现在一字涨停板以后，股价顶部反转形态得到确认，价格很难在高位运行。这个时候采取减仓措施，自然能够规避下跌趋势中的损失。天量顶部的反转形态最值得关注，这是下跌的起始形态。

2. **MACD与股价顶背离卖点两次出现**：MACD指标与股价顶背离，如果背离出现两次，我们认为典型的高抛卖点不容忽视。在天量阴线见顶之时，MACD指标与股价首次出现顶背离。而股价短线反弹期间DIF线依然不能突破前期高位，这是二次背离的卖点机会。

3. **缩量下跌趋势得到确认**：量能萎缩的过程中，股价见顶回落的趋势得到确认。天量阴线是量能开始萎缩的起始点，接下来成交量萎缩并且达到100日等量线以下，股价下跌趋势就可以被确认了。

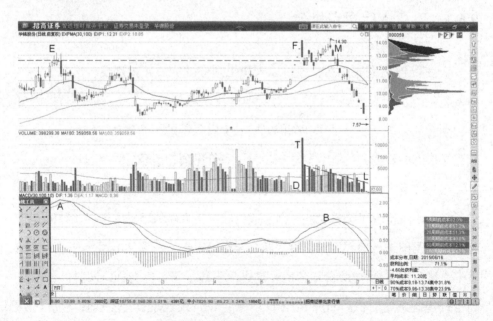

图 9-12　日华锦股份K线图

操作要领：

1. 从天量阴线确认股价见顶来看：如图9-12所示，T位置的天量量能出现，股价在F位置以跌停阴线确认了高抛交易机会。如果对于天量顶部还有疑虑，那么接下来MACD指标与股价顶背离卖点就不容忽视了。

2. 从MACD与股价顶背离卖点两次出现来看：图中F位置的股价收盘价突破E位置的收盘价位，而MACD指标的DIF线数值明显低于A位置，这是典型的卖点信号。而接下来股价短线反弹以后，M位置的最高收盘价格依然在E位置的最高收盘价以上。与此同时，MACD指标的DIF线数字仅达到B位置，这可以说是二次背离卖点信号。

3. 从缩量下跌趋势得到确认来看：量能从T位置的天量量能开始萎缩，直到股价在M位置见顶回落的时候，成交量明显低于100日等量线。接下来，成交量继续萎缩至L位置的低点，股价的下跌趋势得到确认。

总结 | 在天量顶部得到确认以后，我们看到该股最终从14元高位下跌至8元低点，跌幅超过40%。从股价单边下跌趋势来看，股价见顶回落期间没有出现任何有意义的反弹走势。股价是以单边杀跌完成了调整走势。可见，不管通过天量确认卖点，还是根据MACD指标背离减少持股，都应该在价格高位清仓卖掉股票，这样才不会亏掉牛市中获得的收益。